www.tredition.de

AF198273

Emma Hermann

Der übliche Wahnsinn - und dann kam Corona

www.tredition.de

© 2021 Emma Hermann

Verlag und Druck:
tredition GmbH, Halenreie 40-44, 22359 Hamburg

ISBN
Paperback: 978-3-347-22952-5
Hardcover: 978-3-347-22953-2
e-Book: 978-3-347-22954-9

Vorwort

Kennen wir es nicht alle? Im Privatleben und im Job gibt es überall Leute, die einen aufregen.

Gerade wenn man Kinder hat, gibt es viele Situationen der dritten Art. Es ist egal, ob es Mütter sind, bei denen immer alles super läuft, jedenfalls nach ihrer Erzählung, oder solche, die denken, ihr Kind sei hochbegabt oder diejenigen, die andere für Dinge verantwortlich machen, die sie selbst versäumt haben. Jede Art der Übertreibung ist für die Mitmenschen furchtbar anstrengend. Aber auch im Job können Kollegen einem auf die Nerven gehen und für absurde Geschichten sorgen.

Im Endeffekt ist das aber alles nur halb so schlimm, denn spätestens seit Corona wissen wir, dass Gesundheit das aller Wichtigste ist. Corona hat die ganze Welt durcheinandergebracht. In der Zeit der Kontaktbeschränkungen reagierte jeder unterschiedlich. Auch hier trennt sich die Spreu vom Weizen. Nicht jeder tut einem in der harten Zeit gut. Hier gilt wie sonst auch, sich nur mit den Leuten zu unterhalten, treffen ist ja verboten, die einem ein gutes Gefühl und Kraft geben. Aber nicht jeder kann Schwächen zugeben und wirklich aussprechen, wie schlimm die Situation mit Homeoffice und Homeschooling für die Familie und die Kinder war.

Dieses Buch soll lustige, nervige oder auch absurde Geschichten aus dem Alltag wiedergeben und dem Leser vermitteln, dass man nicht alleine ist mit seinen Ängsten und Sorgen und dass es leider überall merkwürdige und anstrengende Leute gibt.

Das Ziel, über den Dingen zu stehen und die Wut weg zu atmen oder innerlich zu lächeln, ist nicht so einfach. Aber vielleicht hilft es, die ein oder andere Geschichte von anderen zu lesen, um festzustellen, es ist überall das gleiche!

Rund um Kinder

Wer kennt sie nicht, die Familien, bei denen nach außen alles perfekt zu sein scheint. Nach meiner Ansicht sind das die Schlimmsten. Es ist wirklich selten alles super. Es gibt sicher solche Phasen. Aber wenn wirklich immer alles perfekt sein soll, dann ist das sehr merkwürdig. Aber manchen ist der Eindruck, den sie bei Dritten machen, besonders wichtig. Und nein, wenn man Kinder hat, dann ist ständig was Neues. Gerade wenn die Kinder klein sind – wobei ich dann immer mit Erschrecken an den Spruch „kleine Kinder, kleine Sorgen – große Kinder, große Sorgen" denken muss. Aber soweit bin ich noch nicht.

Wenn man den Geschichten vieler Eltern glaubt, müssten über 90 % der Kinder total easy sein, geradezu Anfängerbabys, wie es so schön heißt. Sie schreien nicht, trinken und essen von Anfang an gut und sind einfach nur süß! Von wegen! Wenn Eltern ehrlich sind, wovon es zum Glück auch einige gibt, und an die sollte man sich auch auf jeden Fall halten, wird schnell klar, dass Kinder unsere Nerven stark beeinflussen. Der Schlafmangel nach der Geburt und die Unsicherheit, jedenfalls beim ersten Kind, sind nicht zu unterschätzen. Nein, man ist nicht nur himmelhochjauchzend und glücklich. Und die Partnerschaft leidet auch.

Ich weiß noch wie heute, wie schlimm es war, als der Tag gekommen war, wo ich mit unserem Sohn nach der Geburt das erste Mal alleine war und Papa wieder ins Büro musste. Nach zwei Wochen. Die Verantwortung ganz allein übernehmen. Naja, am Abend gebe ich zu, dass ich mich hauptsächlich deshalb auf meinen Mann gefreut habe, um ihm noch im Anzug das Kind in die Hand zu drücken, um einfach mal fünf Minuten Ruhe zu haben. Natürlich habe ich mich auch gefreut meinen Mann zu sehen, aber es überwog ganz klar der Gedanke der eigenen Entlastung. Ich denke, das ist auch ganz normal, denn als Mutter ist man rund um die Uhr für das Kind da. Da gibt es keinen Grund sich schlecht zu fühlen. Habe ich natürlich trotzdem teilweise.

Während der Schlafphasen wird das Kind durch die Gegend geschoben. Kaum wird die Wohnung betreten, verlangt das Kind nach der Brust. Die Taschen werden gerade noch in die Ecke geworfen, die Jacke auch und los geht es. Ruhephasen gibt es nicht wirklich. Gerade in der Zeit habe ich versucht die Eltern zu meiden, bei denen alles perfekt ist, gerade, wenn das Kind sie angelächelt hat, denn da hätte ich aggressiv werden können. Es ist das beste, einige enge Vertraute zu haben, wo ehrlich alles erzählt werden kann, ohne dass einer das Jugendamt anruft oder fragt, ob man nicht besser einen Psychologen anrufen sollte.

Es macht nicht nur Spaß. Arztbesuche, kreischende Kinder bei der Impfserie, die in den ersten Jahren zu absolvieren ist. Wenn ich an die Warterei im Wartezimmer denke mit gefühlt hunderten von Keimen und Bakterien in der Luft. Die Panik, dass das Kind auf dem Boden beim Arzt oder durch das Anfassen von Spielsachen erst richtig krank wird, war groß. Bei unserem Kinderarzt war es schlimm. Unter einer Stunde wartete man dort nie. Auch nicht, wenn man mit seinem gesunden Kind zur U-Untersuchung kam. Das war Stress pur. Die hustenden, leidenden kranken Kinder und warten, warten und nochmals warten. Bis eine Freundin bei dem Arzt anfing zu arbeiten. Ab da zogen wir den Hass der anderen Eltern auf uns, weil wir meist direkt in ein Zimmer durchgehen durften. Und ich muss zugeben, in dem Fall war mir völlig egal, was die anderen dachten. Man musste ja auch mal Glück haben und die Vorteile nutzen. Da hat der Arzt unserem Sohn, der Partout keine Antibiotika zu sich nehmen wollte, die Spritzen mit dem ekligen rosa Saft höchstpersönlich verabreicht, jeden einzelnen Tag. Ach ja, das Thema Medikamente ist bei vielen Kindern ein absolutes Drama. So auch bei uns. Meine größte Sorge bei jeder Krankheit war, bitte kein Antibiotikum. Quasi egal, was das Kind hat, aber bitte keine Medizin, die drei Mal am Tag genommen werden muss. Beim Warten auf das Ergebnis des Abstrichs war ich nervöser als vor einer Examensklausur. Was haben wir nicht alles versucht. Saft in Ketchup unterrühren, im Erdbeer Actimel, in Leberwurst. Wir ließen nichts unversucht. Das hat ganz gut geklappt, nur leider wollte unser Sohn nicht das ganze Brot essen oder den ganzen Actimel trinken. Das hatte natürlich zu Folge, dass auch nicht die Folgen eintraten, die bei richtiger Einnahme eintreten sollten. Horror hoch 10! Wie gut, dass wir damals eine Kinderärztin als Freundin hatten, die den Kapselinhalt genau berechnen konnte, sodass wir in nur einem Löffel den gesamten Inhalt des Pulvers verstauen konnten und dieser dann auch verzehrt wurde. Ich werde nie vergessen, wie wir beim ersten Mal versucht haben das Antibiotikum in den Mund zu bekommen. Ein Gebrüll, zwei Erwachsene versuchten das Kind festzuhalten und den Mund aufzusperren und den Saft einzuflößen. Und als wir es endlich geschafft hatten, wurde der Saft im hohen Bogen wieder ausgespuckt. Mein Puls ging auf 180. Eine derartige Hilflosigkeit hatte ich im Leben vorher noch nie gespürt. Wie sollte der eine kleine Löffel Saft nur in den Mund rein gehen. Es hätte alles so leicht sein können. Mund auf, rein und runterschlucken und gesund werden. Aber ich muss zugeben, der Saft schmeckt auch wirklich scheußlich. Warum kann nicht ein besser schmeckender Saft entwickelt werden? Es würde vielen Eltern so ungemein helfen. Denn ich kannte einige, die ein ähnliches Drama erlebt haben. Ich habe damals die Eltern geliebt, die ganz bedauernd sagten: „Echt, das ist bei uns gar kein Thema. Unsere Kinder nehmen alles ein." Da fühlte ich mich richtig super nach so einem Gespräch. Sowieso sind in den ersten Jahren die anderen Mütter diejenigen, die einem oft ein schlechtes Gefühl geben. Die Konkurrenz geht schon bei den ersten Kursen los, die mit ca. vier Monaten besucht werden konnten. Wer kann was als erster? Die Frage aller Fragen. Ich gebe zu, motorisch war unser Sohn immer ganz weit vorne. Wenn es um anstrengend sein ging, aber auch. Es kann eben nicht alles perfekt sein.

Ich erinnere mich noch zu gut an die erste „Pekipstunde" (bei uns damals Fabel Kurs genannt). Der Kleine war munter und machte super mit. Aber eine viertel Stunde vor dem Schluss begann das Brüllen. Es war das erste Mal, wo weder Stillen noch auf den Arm nehmen was gebracht hat. Keiner konnte mehr ein Wort der Kursleiterin verstehen. Das Brüllen war so laut. Die mitleidigen Blicke der anderen Mütter haben mir damals den Rest gegeben. Als wäre ich nicht schon gestresst genug und dazu noch Schweiß gebadet in dem gefühlt 30 Grad warmen Raum, denn die Babys waren ja nur in Windeln unterwegs. Ich habe nur noch alles zusammengepackt und bin so schnell es ging raus. Habe den Kleinen in den Kinderwagen gelegt und kaum waren wir an der frischen Luft, schlief er schon. Mir wäre es eigentlich ein Bedürfnis gewesen, wieder in den Raum zu gehen und zu zeigen, er war nur müde und schläft. Aber ich war einfach nur froh, draußen an der frischen Luft zu sein. In der nächsten Stunde kannte mich in dem Kurs jeder und dachte, mir kluge Ratschläge zum Thema „Schreikind" zu geben. Nein, wir hatten kein „Schreikind". Er war einfach nur müde und kam in dem Raum mit 20 Kindern und Müttern nicht zur Ruhe. Irgendwie auch verständlich. Aber innerlich war ich mehr als bedient im Hinblick auf die gut gemeinten Tipps. Meist kommen solche Tipps ja gerade von denen, die sich selber gar nichts sagen lassen oder die selber die Tipps am Nötigsten hätten. Das ist leider im Berufsleben genau das gleiche. Aber dazu später im nächsten Kapitel mehr.

Ich weiß noch, wie eine Kollegin von meinem Mann sich damals wunderte, dass unser Sohn immer so spät einschläft und abends noch so viel trinkt. Komisch war, dass, wenn wir uns bei gemeinsamen Freunden getroffen haben, unser Sohn nach zehn Minuten im Reisebett schlief im Nebenzimmer und ihre Kinder gar nicht zur Ruhe kamen und sie quasi an der Abendunterhaltung nicht teilnehmen konnten. Ich frage mich, ob einige die Realität verkennen oder es ein gefundenes Fressen für sie ist, wenn es woanders nicht oder zumindest vermeintlich nicht läuft. Wohl alles zusammen. Oder sie werden von den eigenen Sorgen abgelenkt und vergessen in dem Moment, wie es bei ihnen selber läuft. Ich habe keine Ahnung. Auf jeden Fall finde ich es sehr nervig. Ich würde mich da immer zurückhalten, denn jeder lebt sein eigenes Leben und sollte nicht über das von anderen urteilen.

Eins meiner Lieblingsthemen im negativen Sinne ist das Thema „Einzelkind". Ja, auch wir sind glücklich, auch wenn wir in den Augen vieler keine „richtige" Familie sind mit nur einem Kind. Aber vielleicht ist man manchmal sogar glücklicher als Eltern mit zwei oder mehr Kindern. Denn die Eltern sind teilweise völlig überfordert. Es gibt Kinder, die wünschen sich keine Geschwister. Dazu gehört unser Sohn auch. Er ist glücklich so wie es ist. Klar, er kennt es nicht anders. Aber wenn das Thema mal angesprochen wird oder ein Freund ihn fragt, ob er gerne Geschwister hätte, sagt er: „Ich bin froh, dass ich keine Geschwister habe." Zu Weihnachten und auch sonst ist er der Mittelpunkt mit Omas und Opas und den Eltern. Im Zweifel bekommen Einzelkinder mehr Geschenke und einen Adventskalender mit größeren Paketen. Unser Sohn sagt immer: „Ist ja klar, dass andere nicht so große Dinge bekommen, weil die Eltern für mehr Kinder alles besorgen müssen. Das ist dann viel zu teuer." Und das Beste für ein Einzelkind ist, man muss nicht mit Geschwistern teilen. Und oh Wunder, auch nicht jedes Einzelkind ist asozial oder unsozial, denn auch mit Freunden und im Kindergarten, in der Schule oder im Sportverein lernt man Rücksicht zu nehmen, nachzugeben oder verzichten zu müssen. Dafür braucht ein Kind keine Geschwister. Ich gebe zu, es ist vorteilhaft, weil Geschwister zusammenspielen können und man selber dadurch etwas mehr Zeit hat für eigene

Dinge. Aber die Streitereien und Eifersüchteleien vermisse ich beim besten Willen nicht. Wenn ich das von Freunden höre, was dort los ist zu Hause. Dann bin ich heilfroh, dass wir nur ein Kind haben. Und damit bin ich auch ausgelastet.

Manchmal kommen dann Fragen wie: „Hat das Kind denn genug soziale Kontakte?" „Ja", hat es. Denn in den Urlaub fahren wir entweder mit Freunden, die Kinder im ähnlichen Alter haben oder unser Sohn lernt neue Freunde kennen. Es ist natürlich leichter zu zweit aufzutreten im Urlaub bei unbekannten Kindern. Aber dadurch lernen die Kinder sich kommunikativ zu öffnen und sich nicht hinter den Geschwistern zu verstecken. Unser Sohn hat bisher in jedem Urlaub neue Freunde gefunden. Und der Vorteil ist dann, dass man trotzdem alleine Urlaub macht und das Kind dennoch mit Kindern spielen kann, wenn es möchte.

Und wenn ich höre, dass es ja auch später viel schöner ist, wenn sich nicht nur ein Kind allein um die Eltern kümmern muss, mag das sein. Aber dafür kenne ich auch leider zu viele Personen, die sich mit ihren Geschwistern gar nicht verstehen. Wenn man sich zwei Mal im Jahr zu Ostern und zu Weihnachten trifft, obwohl man mit den Geschwistern in einer Stadt lebt, dann ist das schön, aber betrachtet auf das gesamte Jahr, nicht wirklich relevant. Dafür braucht man keine Geschwister.

Einzelkinder brauchen daher niemandem leid zu tun. Unser Sohn und auch wir sind glücklich so wie es ist. Jeder lebt nur einmal und kann sich zum Glück aussuchen, wie er das Leben gestaltet. Und auch ohne Kinder kann man glücklich sein. Denn wenn man ehrlich zu sich ist, gibt es mit Kind auch sehr viele anstrengende Phasen und zusätzliche Sorgen, die Eltern sich machen. Natürlich auch sehr viele schöne. Aber auch hier gilt, bitte lasst jeden sein Leben so leben, wie er es gerne möchte. Man sollte niemanden verurteilen, vielleicht sogar, weil man selber unzufrieden ist. Erstaunlich ist aber, dass sich nur Leute mit mehreren Kindern ein Urteil über Einzelkinder-Familien bilden und nicht andersherum. Mittlerweile versuche ich einfach auf Durchzug zu schalten. Das hilft in manch einer Situation ganz gut.

Am liebsten ist es mir aber, wenn Leute mit mehreren Kindern mir Aufgaben aus der Schule oder dem Sportverein übertragen wollen, weil man ja nur ein Kind und damit quasi nichts zu tun hat. Da könnte ich an die Decke gehen. Denn im Zweifel hat man als berufstätige mit einem Kind mehr zu tun und vor allem weniger Freizeit als jemand, der mehrere Kinder hat und nicht arbeitet. Da sollte sich jeder zurücknehmen und auf sich schauen. Ein Urteil über das Leben des anderen sollte sich jede der Parteien verkneifen. Denn es kann nicht geklärt werden, wer den härteren Tag hat. Das kommt sicher auf das Alter der Kinder an. Denn je älter die Kinder werden, desto selbständiger sollten sie sein und umso mehr Freizeit hat die Mutter.

Eine Frage, die mir direkt in dem Zusammenhang einfällt ist die, ob nach der Geburt die Mutter oder der Vater den stressigeren Part hat. Fragt man die Mutter, lautet die Antwort „Ich". Fragt man den Vater lautet die Antwort ebenfalls „Ich". Schließlich hat jeder eine wichtige Aufgabe. Der Vater hat durch den Familienzuwachs eine noch größere Verantwortung, was das Finanzielle betrifft. Mindestens eine Person mehr muss versorgt werden. Ein Kind ist ziemlich teuer, sodass der Druck nach einem guten, vor allem sicheren Job steigt. Das kann natürlich Stress verursachen.

Die Mutter hat auf einmal keine Minute mehr frei, sondern kümmert sich permanent um den Nachwuchs. Das ist eine sehr schöne, aber zugleich auch sehr herausfordernde Aufgabe. Das Schreien und Nörgeln zehren enorm an den Nerven. Was für mich als ordnungsliebenden Menschen am schwersten war, war die Unordnung und das fremdgesteuert sein. Ich konnte nicht mehr nach meinen Bedürfnissen agieren, sondern musste mich komplett nach dem Rhythmus des Kindes richten. Da muss man gerade als Perfektionist erst einmal eine harte Schule durchlaufen. Denn das Kind nimmt alles in den Mund, schmeißt Sachen durcheinander und hat die Windel nicht immer zur gleichen Uhrzeit voll. Und der Hunger kommt auch mal jetzt und mal später. Jeder Tag war eine Challenge und ein Lernen an sich selber.

Warum ist das eigentlich so schwierig? Es gibt einfach Menschen wie mich, die bekommen zum Beispiel bei Unordnung körperliche Schmerzen. Ich habe damals die Mütter beneidet, die selber so unordentlich waren, dass sie das Chaos gar nicht gestört hat. Es ist alles eine Frage des Typs, daher sind ordentliche Menschen meiner Ansicht nach mit Kindern auch deutlich unentspannter. Aber immerhin besteht eine gewisse Wahrscheinlichkeit und zumindest Hoffnung, dass das eigene Kind auch ordentlich wird. Und das wäre ja auch ein großer Gewinn. Auch wenn es in dem Moment kein Ausgleich ist.

Die Elternzeit ist eine wirklich tolle Zeit, denn man lernt viele neue Leute kennen und es entstehen sehr viele enge Freundschaften. Seit dem Studium hatte man nie so viel Zeit sich zu verabreden. Das war sehr schön. Dennoch war ich jeden Abend völlig kaputt und froh, wenn ich meinem Mann unseren Sohn überreichen konnte – in dem Moment, in dem er im Anzug die Wohnung betrat. Ja, es wartete kein selbstgekochtes Abendessen oder eine schick angezogene Frau auf den Mann, sondern eine gestresste in „Lungerklamotten" mit Milch- und Breiflecken befindliche Frau, die nur ein paar Minuten Ruhe brauchte und niemanden sehen wollte. Bei den perfekten Familien war das sicher anders. Aber in der Realität und bei vielen, die ehrlich sind, sieht es genauso aus.

Als ich wieder angefangen habe zu arbeiten waren es die alltäglichsten Dinge wie in der Teeküche stehen und kurz mit Kollegen quatschen, die ich am meisten genossen habe. So sehr einem das Kind am Anfang gefehlt hat, so hat man auch die etwas wiedererlangte Freiheit genossen. „Rabenmütter", wie ich eine bin, jedenfalls. Denn natürlich gibt es auch Eltern, insbesondere Mütter, die ihre Kinder nicht abgeben wollen an Fremde. Das ist auch ihr gutes Recht. Aber auch da wollen diese Mütter einem ein schlechtes Gewissen machen, dass man seine Kinder schon mit unter einem Jahr z.B. zur Tagesmutter oder noch schlimmer in den Kindergarten gibt und damit in fremde Hände. Es hat bisher aber noch keinem Kind geschadet, mit anderen Kindern zu spielen. Ob eine gestresste Mutter zu Hause besser ist als fröhlich spielende Kinder, mag ich bezweifeln. Aber es gibt eben Übermütter, die sich nicht eingestehen wollen, dass man ein Kind nicht ewig nur an sich binden kann. Das sind dann auch meistens die Mütter, bei denen die Eingewöhnung im Kindergarten gar nicht klappt. Denn sie klammern so sehr an den Kindern, dass diese tatsächlich am Hosenbein von Mami hängen und weinen. Für die Mütter sind natürlich die Erzieherinnen schuld, die ihrem Kind nicht die nötige Aufmerksamkeit widmen. Am Ende muss die Eingewöhnung abgebrochen werden und die Mami kann beruhigt mit ihrem Kind nach Hause gehen und sie hat eine Aufgabe und vor allem eine Rechtfertigung, nicht mehr arbeiten zu müssen. Denn es ist für das Kind in deren Augen viel besser, wenn die Kinder bis zur Schule zu Hause bleiben.

Ein weiteres Thema sind diejenigen Mütter, die die Schuld immer bei anderen suchen, wenn es um das eigene Kind geht. Wer kennt sie nicht, die Mütter, deren

Kinder sich unmöglich benehmen, nach Ansicht der Mütter aber zum Beispiel die Erzieher sich nicht ausreichend um die Kinder kümmern. Oder die unentdeckten Fähigkeiten der Kinder nicht erkennen, was vielleicht daran liegen könnte, dass das Kind keine besonderen Fähigkeiten besitzt. Aber egal. Es gibt Leute, die es vergessen, ihre Kinder zu erziehen und Dritte für das Scheitern oder Probleme verantwortlich machen. Denn die Erzieherinnen könnten ja schon mal mehr Einsatz zeigen, schließlich sei das Kind zu Hause ganz anders. Warum können Leute nicht zugeben, dass ihre Kinder etwas daneben sind. Nach außen muss immer der Eindruck vermittelt werden, dass alles perfekt ist und man gar nicht versteht, was das Kind jetzt eigentlich hat. Dann muss es sich wohl in der Einrichtung nicht wohl fühlen, sonst würde er nie andere Kinder hauen oder nicht hören und das machen, was von ihm verlangt wird.

Unser Sohn hat z.B. im Alter von ca. eineinhalb bis drei Jahre gerne jeden umgehauen, der ihm in die Quere kam. Bei der Tagesmutter nicht, aber zum Beispiel auf dem Spielplatz. Ich fand das ganz furchtbar und habe mich dafür geschämt. Aber mir wurde immer gesagt, dass sich das auswächst und dass vor allem einige Jungs in dem Alter das machen, um Aufmerksamkeit zu bekommen, egal ob positive oder negative. Dafür konnte ich aber keinen Dritten verantwortlich machen. Immer und immer wieder hat man gebetsmühlenartig auf das Kind eingeredet. Mit Erfolg. Im Kindergarten war das vorbei.

Die Eltern, die andere für die Fehler ihrer Kinder verantwortlich machen, sind auch meist die Eltern, die sich schön zurückhalten, wenn es um die Übernahme von Aufgaben geht. Denn ein Fest im Kindergarten oder in der Schule lebt von Eltern, die sich engagieren, Dinge besorgen und mitbringen und Kuchen backen. Wie oft habe ich von Eltern, die nicht arbeiten erlebt, dass sie keinen Beitrag für das Kuchenbuffet mitgebracht haben. Mit der Begründung, letztes Jahr war ja viel zu viel da. Wenn so alle denken würden, dann würden viele schöne Feiern nicht stattfinden können. Das sind dann leider auch die Eltern, die im Kindergarten eine Notfallbetreuung in Anspruch genommen haben, obwohl die Mutter nicht berufstätig war. Aber der Yoga Kurs an dem Vormittag sollte eben nicht entfallen und war wichtiger. Und wofür gibt es schließlich die Notfallbetreuung? Selbst viele berufstätige Mütter haben es möglich gemacht, das Kind nicht in den Kindergarten zu bringen.

Aber als Egoist kommt man gut und leider meistens auch noch besser durchs Leben. Man macht sich aber auch nicht überall beliebt.

Kommen wir zu einem weiteren meiner Lieblingsthemen, wenn es um Kinder geht. Es gibt Bücher, die heißen „Bist du glücklich oder hast du Kinder in der Schule?". Derartige Bücher bekommen eine ganz andere Bedeutung, wenn das eigene Kind in die Schule kommt.

Haben wir nicht alle hochbegabte Kinder? Am liebsten waren mir die Mütter, die bereits vor dem Schuleintritt erzählt haben, dass ihr Kind sich total langweilt, weil es den Stoff der ersten Klasse schon kann. Schließlich sei das Kind in der Vorschule gewesen und daher könne es das alles schon. Das mag vielleicht die ersten Wochen auch stimmen. Aber man sollte sich doch sehr zurückhalten. Peinlich wird es nämlich dann, wenn sich herausstellt, dass leider andere Kinder sehr viel mehr wissen, als das Kind, was sich angeblich so langweilt.

Auch bei Elternabenden sollte man sich zurückhalten. Die sind meistens nicht vergnügungssteuerpflichtig. Momente zum Fremdschämen sind garantiert. Einige Eltern stellen sich mit ihren Kommentaren so ins Abseits, ohne es selber zu merken. Zum Beispiel wollte eine Mutter bei dem Elternabend, der vor den Sommerferien und damit vor Beginn der ersten Klasse stattfand, wissen, wie sie die Lehrerin erreichen kann. Daraufhin entgegnete die Lehrerin ganz cool: „Gar nicht." Die Telefonnummer und Mail-Adresse bekämen die Eltern bei Schulstart. Die Antwort fand ich ziemlich amüsant. Wo kommen wir denn dahin, dass Eltern Lehrer bereits mit Anrufen oder Mails bombardieren, bevor die Schule überhaupt losgegangen ist. Wahrscheinlich um mitzuteilen, dass ihr Kind hochbegabt ist und besonders gefordert werden muss. Mir selber fällt zu so einem Verhalten nichts ein.

Besonders schön ist es dann, wenn solche Kinder gar nicht in den angebotenen Forderkursen für besonders gute Schüler drin sind, weil eben andere Kinder, wie auch immer das passieren konnte, eben besser sind. Und dass, obwohl die Eltern sich nicht in den Vordergrund spielen. Das ärgert die Eltern der vermeintlich besonders schlauen Kinder am meisten. Ich erinnere mich noch gut an eine Szene, wo unser Sohn zu einem anderen Kind nach den Bundesjugendspielen aus Spaß gesagt hat: „XY hat keine Ehrenurkunde." Dabei wussten alle, dass er eine hatte. Daraufhin war sofort die Mutter zur Stelle und sagte mit einem ziemlich aggressiven Ton:

„Mein Sohn hat einen Punkt mehr als Du – hättest Du Dich wohl ein bisschen mehr anstrengen müssen." Ich kam gerade auf dem Fahrrad angefahren und hatte nicht wie die andere Mutter bei der Siegerehrung zugeschaut und war einfach nur fassungslos über diesen Tonfall gegenüber anderen Kindern. Vor Ehrgeiz zerfressen. Leider fehlt einem manchmal die Schlagfertigkeit, weil die Fassungslosigkeit überwiegt.

Warum kann nicht einfach jeder mit seinem Kind so zufrieden sein, wie es ist? Stattdessen wird die ganze Zeit verglichen, wer was besser macht und kann. Damit wird keiner glücklich. Denn jedes Kind hat eigene Talente. Zum Glück sind nicht alle gleich. Aber es ist einfacher sich damit abzufinden, dass das eigene Kind vielleicht nicht der Beste in der Schule ist, anstatt Druck aufzubauen.

Absurd ist es auch, wenn Mütter vergleichen, wie weit Kinder mit ihren Lernplänen sind, damit ihre Kinder nach dem Wochenende eine Seite weiter sind. Lehrer vergeben ihre Noten meines Wissens nicht nach Schnelligkeit, sondern danach, welches Kind im Unterricht und in den Tests den Stoff beherrscht. Einige Eltern kommen schon auf merkwürdige Ideen.

Ich erinnere mich noch an die Bemerkung einer Mutter, als die eigene Klassenlehrerin netterweise wegen ständiger Krankheit der Mathelehrerin auch die Mathestunden übernommen hat. Sie hatte Sorge, dass der Unterricht in der Grundschule nicht von einer examinierten Mathelehrerin übernommen wurde. Die Ansicht stieß im Klassenchat nicht auf geteilte Meinung, denn zwei Eltern traten direkt danach aus. Mir persönlich war das ganz egal, denn ich freute mich einfach nur, dass es in Mathe endlich etwas voran ging. Aber einige haben sich anscheinend enorm geärgert über solche Aussagen. Ich gehe aber davon aus, dass die Klassenlehrerin sicher begeistert gewesen wäre von einer solchen Aussage. Wenn sie das gehört hätte, wäre ihr sicher die Lust vergangen, ihre Stunden den Kindern zuliebe aufzustocken. Gerade wenn das eigene Kind in Mathe sehr gut ist, war mir einfach nur wichtig, dass nicht in der zweiten Klasse noch der Stoff der ersten Klasse absolviert wird. Mir wäre es in dem Moment auch recht gewesen, wenn jemand die Kinder unterrichtet hätte, der gar kein Examen hat, Hauptsache es geht weiter. Vielleicht hätte ich auch anders gedacht, wenn unser Sohn nicht gut in Mathe gewesen wäre. Das mag ich nicht ausschließen.

Ein Austreten aus dem Klassenchat kommt für mich nicht in Frage, weil er ja schließlich dazu da, seine Meinung zu sagen und es ist auch gut, dass es Menschen gibt, die sich einsetzen und Ziele verfolgen. Auch wenn man nicht jede Ansicht teilt. So wurde schließlich auch erreicht, dass die Klasse eine neue Lehrerin bekommen hat. Dafür braucht es Menschen, die sich engagieren.

Bevor ich zum Abschluss des Kapitels komme, möchte ich noch ein paar Absurditäten preisgeben, die ebenfalls ohne Kinder nicht passiert wären.

Was machen Kinder, die zu Hause wenig bis keine Süßigkeiten bekommen, als erstes, wenn sie eingeladen sind und auf dem Tisch Süßigkeiten sehen? Genau, Süßigkeiten in rauen Mengen essen. Blöd ist nur, wenn sich die Kinder am Erwachsenen Tisch bedienen und dort Alkohol Pralinen stehen. Den Rest kann sich jeder denken. Zum Glück schmecken diese Pralinen den Kindern nicht, sodass sie gleich ausgespuckt werden. Man sollte sich also eher an den Kindertisch halten beim Naschen.

Was man als Eltern auch besonders mag, ist, wenn sich Dritte in die Erziehung einmischen. Egal ob Freunde oder die Familie. Jeder fühlt sich sofort bevormundet und angegriffen, wenn etwas am eigenen Kind kritisiert wird oder man selber schlaue Tipps erhält, wie man die ein oder andere Situation besser regeln könnte. Der Ton macht natürlich die Musik und auch der Weg, wie man etwas sagt. Was in jedem Fall nicht zu guter Laune beiträgt ist ein Erziehungsratgeber als Geschenk. Egal ob gut gemeint oder nicht. Solche Geschenke sollten zwingend vermieden werden, um die Stimmung nicht zu gefährden.

Was ebenfalls zu hervorragender Stimmung beiträgt sind Konkurrenzsituationen unter Geschwistern. Ganz unter dem Motto: Mein Haus, mein Pferd und mein Auto. Als wir in unser Haus gezogen sind, waren wir natürlich sehr stolz. Da waren wir nicht gut auf Gäste zu sprechen, die sich durch das Haus führen ließen und nicht ein Wort währenddessen sagten. Die sich während der „Führung" die längste Zeit im Kinderzimmer aufhielten, um zu checken, was für die eigenen Kinder alles angeschafft werden muss. Das musste sofort bei Amazon bestellt werden. Nachdem die Bestellungen fertig waren, war dann Zeit für Kaffee und Kuchen. Mir verging schon die Lust eine gute Gastgeberin zu sein. Muss das

wirklich sein, dass man ein Kinderzimmer genau ab-
checkt auf den Inhalt? Ich kann das nicht verstehen. Vor
allem, wenn man sich zu den Geburtstagen der Kinder
immer genau vorgegebene Dinge wünscht. Vielleicht
könnte man so eine Gelegenheit einmal nutzen, um
neue Ideen und Überraschungen zu bekommen. Aber
gut, jeder Jeck ist anders.

Arbeitsumfeld

Auch im Arbeitsumfeld hat sicher jeder schon Begegnungen der dritten Art gehabt.

Wenn man einen neuen Job anfängt, passt der Spruch „Die Wiese beim Nachbarn ist immer grüner". Mit dieser Einstellung wird der alte Job gekündigt und der Neue angetreten. Am Anfang ist meist auch alles ganz toll. Wenn nicht, hat man was falsch gemacht. Die Veränderung tut einem gut und man fühlt sich beflügelt. Ganz unter dem Motto „Wer ewig tut, was er schon kann, bleibt ewig das, was er schon ist". Ab und zu ist es wichtig etwas Neues zu wagen und zu machen. Meistens stellt man aber spätestens nach einem halben Jahr fest, dass es überall Leute gibt, die anstrengend sind und dass auch oft gar nicht so wenig.

Warum das so ist? Es gibt einfach immer mehr komische Leute. Eine andere Erklärung fällt mir nicht ein. Mit denen muss man sich in der Freizeit natürlich nicht abgeben, aber im Berufsleben kann man ihnen nicht immer so ausweichen, wie man es sich wünscht.

Für irgendjemanden muss es ja schließlich auch die zahlreichen Coaches, Psychologen und Heilpraktiker geben, die dabei helfen, das Leben der anderen zu verbessern. Aber jetzt zu den Kuriositäten aus dem Arbeitsleben.

Wenn man über die Besetzung eines Arbeitskreises ein ganzes Buch schreiben könnte, dann stimmt da etwas nicht. Aber das ist es nicht wert. So viel Aufmerksamkeit hat ein Arbeitskreis nicht verdient. Aber eine kleine Kostprobe werde ich schon geben.

Die Stimmung in dem Arbeitskreis ist sehr angespannt, explosiv geladen geradezu. Und dabei arbeiten wir alle in einem Unternehmen. Das ist eigentlich unfassbar. Aber es gibt Leute, die einem Vorwürfe machen oder denen es einfach Spaß macht, Ärger zu machen. Unser Chef musste schon mehrfach eine Rede vorbereiten, in der die Mitglieder des Arbeitskreises dazu aufgerufen wurden, uns mit Respekt zu behandeln.

Einer der besten Sprüche war, dass wir alle noch in Höhlen leben würden, wenn alle so arbeiten würden wie wir. Der Spruch ging natürlich direkt gegen uns. Dass nach so einem Spruch kein entspanntes Arbeiten mehr möglich ist, kann sich jeder vorstellen.

Es ist einfach blöd, wenn so ein Spruch von einem Arbeitskollegen stammt. Ich sage immer, dass man solchen Leuten in gleicher Weise entgegentreten muss. Denn nur so versaut man ihnen ihr Spiel, einen vor einer großen Gruppe lächerlich zu machen und ins Abseits zu stellen.

Was haben wir uns schon alles angehört als Frau. Wenn das Telefon klingelt, „Ah, das Baby-Phone". Aber wenn das Telefon bei Männern klingelt, ist es furchtbar wichtig. Das Rollenbild ist bei einigen leider tatsächlich noch in der Steinzeit stehen geblieben. Insofern passt der Spruch schon wieder, nur ein wenig anders als er vermutlich gemeint war.

Die Besetzung ist schon amüsant. Wie meistens gibt es einen Eitlen, einen Alternativen, einen Mitläufer, einen mit deutlichem Akzent, einen Fordernden und einen, der gegen alles ist. Es sei denn, die Idee stammt von ihm. Es gibt Verbündete, die sich während der Veranstaltung die Bälle zuspielen. So kommt man besser zum Ziel. Der mit dem deutlichen Akzent sagt fast gar nichts mehr, weil sich bereits ein kleines Grüppchen über seine Aussprache lustig gemacht hat, was gar nicht geht.

Diejenigen, die besonders viele Forderungen stellen, lassen uns oft für die Mülltonne arbeiten. Aber Hauptsache sie haben ihren Willen bekommen.

Die Person, die gegen alles ist, würde ich am liebsten der Konkurrenz vermitteln. Er ist gegen alles, was wir vorschlagen oder vortragen. Er meint sich vor seinen Kollegen besonders aufspielen zu müssen und spricht oft in lateinischen Rätseln, die niemand versteht. Vielleicht ist das auch besser so. Wieso brauchen manche das? Einige haben anscheinend traurigerweise außer der Arbeit nichts im Leben. Als es soweit war, dass wir jede Mail mit unserem Chef absprechen mussten, die versendet werden sollte, war echt alles vorbei. Warum können wir nicht einfach kontra geben. Mir macht das im beruflichen Umfeld mittlerweile sehr viel Freude, dass ich meine Meinung sage. Das habe ich früher nie gemacht. Das musste ich lernen. Und es fühlt sich sehr gut an. Wenn mich jemand anruft und mich zur Schnecke macht, warum ich dies oder das nicht gemacht habe, dann reagiere ich darauf erst einmal, dass ich in dem Ton nicht mit mir reden lasse. Dann kann man am anderen Ende quasi durch die Leitung sehen, wie derjenige sich wundert und den Tonfall anpasst und sich erst einmal zumindest halbwegs entschuldigt. Anders kann man in der Arbeitswelt nicht bestehen. Ja-Sager haben es sehr schwer. Erst mal haben sie sehr viel Arbeit und zweitens nimmt sie niemand richtig für voll. Da ist es doch viel besser, wenn man den Mund aufmacht. Dazu kann ich nur jeden ermutigen. Es hat mir schon so viel Lob eingebracht. Es wird positiv zur Kenntnis genommen. Das denkt man erst gar nicht. Aber die Leute haben mehr Respekt vor denjenigen Leuten, wo sie merken, dass sie sich nicht alles leisten können. Das ist zwar traurig, aber wenn man es weiß, kann man reagieren.

Wir bezeichnen die Veranstaltung als „Höhle der Löwen". Während der drei Tage herrscht Ausnahmezustand. Egal wie wir es machen, es ist falsch. Und darüber ärgert man sich am meisten, weil sowieso so viel zu tun ist und wir sehr viel Zeit in die Vorbereitung investieren. Die einfachen Regeln können manche leider nicht einhalten. Soll man selber sich auch im Ton vergreifen und hoffen, dass man bald nicht mehr eingeladen wird? Nein, auf das Niveau will ich mich nicht herabgeben. Man selber hat schließlich eine gute Erziehung genossen. Aber der Ärger und Frust tut einem nicht gut. Wie soll man mit schwierigen Kollegen umgehen? Diese Frage beschäftigt viele. Ich meine, dass man sie am besten mit den eigenen Waffen schlägt. Freundlich aber bestimmt, am besten die Person vor allen lächerlich machen. Wichtig ist, dass Leute merken, dass sie kontra bekommen und sie mit einem nicht so umspringen können, wie es ihnen gefällt. Der Umgang kann mit einem Coach besprochen werden, einigen Unternehmen ist es das wert. Es ist zwar absurd, dass Situationen im Vorwege durchgesprochen werden müssen, aber es hilft ungemein beim Kontra geben.

Und ja, ich gebe zu, dass ich manchmal den Gedanken habe, mir aufgrund einiger Personen einen neuen Job zu suchen. Aber diese Gedanken verwerfe ich auch schnell wieder, denn woanders ist das Gras eben auch nicht grüner.

Ein Chef von mir wollte mit „sehr geehrter Herr Professor" angesprochen werden, obwohl der Chef nur bisschen älter war als die wenigen Angestellten. Jeder hat seine eigenen Vorstellungen. Bei einem anderen Arbeitgeber dauerte es ca. zwei bis drei Wochen bis man einen Termin beim Chef bekam, weil man erst an der Chefsekretärin vorbeimusste. Und das, obwohl alle im gleichen Haus saßen. So können Mitarbeiter nicht erfolgreich geführt werden. Da ist mir die Politik der offenen Tür bei meinem jetzigen Chef viel lieber. So hat jeder Job seine Vor- und Nachteile.

Wenn eine Firmenfeier geplant wird und keiner neben dem Chef sitzen will, weil es kein Thema gibt, über das mit ihm gesprochen werden kann, ist das ein Armutszeugnis für den Chef. Es gibt kaum etwas Schlimmeres, was man als Chef machen kann, als sich so zu separieren. Ein Unternehmen braucht ein Miteinander und der Chef sollte sich für das Wohl der Mitarbeiter interessieren.

Das einzige Thema was ich mit meinem alten Chef hatte, waren Kinder. Gerade weil es sehr viele kinderlose Personen im Unternehmen gab, war es gut, dass er Kinder hatte. Aber auch bei dem Thema war es nicht richtig entspannt. Denn er hatte durch die viele Arbeit in den ersten Jahren nach der Geburt so wenig Zeit mit dem eigenen Sohn verbracht, dass er nach meinen Geschichten über Geschrei und Theater immer nur sagte: „Das war bei unserem Sohn nicht so. Der hat nie geschrien." Nee, ist klar. Danke für das Gespräch. Dann wäre sein Sohn aber auch tatsächlich das erste Kind gewesen, das nie gebrüllt hat. Da habe ich schnell gemerkt, dass es keinen

Sinn macht mit ihm über Kinder zu sprechen. Aber wenigstens hatte er Verständnis, wenn das Kind mal krank war oder man einen Anruf aus dem Kindergarten bekam, weil das Kind sich verletzt hat oder krank war.

Mit einer Kollegin habe ich mich richtig gut verstanden. Bis zu dem Tag als ich ihr von meiner Schwangerschaft erzählt habe. Danach bin ich in mein Büro gegangen und habe erst einmal geheult. Ich wusste, dass es nicht leicht wird, weil sie selber keine Kinder hat. Als ich ihr nun also berichtete, dass ich ein Kind bekomme, gab es als Kommentar: „Na, das hast Du Dir ja schön ausgerechnet. Wenn du dann mit dem Blag im Park spazierst, soll ich deine Arbeit erledigen." An weitere Sprüche kann ich mich gar nicht erinnern, weil ich so heulig war, dass ich nur noch schnell aus dem Büro wollte, um bei mir im Büro heulen zu können. Wie kann man so zickig und unmöglich reagieren? Kein herzlicher Glückwunsch. Schön, oder ähnliches. Und dass, obwohl man sich wirklich gut verstanden hat. Aber in solchen Situationen zeigt sich oft der wahre Charakter von Personen. Und dass es nervt, dann Ersatz zu finden für die Zeit der Elternzeit, ist klar. Aber ein wenig kann man sich dennoch freuen, auch wenn es nicht von Herzen kommt. Einige denken eben nur an sich. Sie sah die Arbeit direkt bei sich liegen.

Aber das kann man vielleicht im zweiten Schritt überlegen. Aber gut, ich wusste, woran ich war. Wir hatten dann wieder einen sehr netten Umgang. Ich bin auch nicht nachtragend. Aber krass fand ich das schon.

In letzter Zeit stelle ich mir öfter die Frage, wie ein perfekter Job eigentlich sein muss. Nette Kollegen, gute Aufgaben, angenehmes Klima und ein toller Chef, der sich nicht zu wichtig nimmt und vor allem nicht ausrastet, sondern auch bei Fehlern hinter einem steht. Ist das bei mir so? Ich weiß es nicht so genau. Einerseits sind die Kollegen ziemlich nett. Viele sind in meinem Alter. Der Chef ist auch richtig nett und interessiert sich auch wirklich dafür, wie es einem geht. Und die Aufgaben sind interessant. Aber dennoch kann ich derzeit nicht sagen, dass ich richtig zufrieden bin.

Mein Team besteht aus sehr unterschiedlichen Charakteren. Das ist grundsätzlich gut, weil man damit alles abdecken kann und jeder mit anderen Personen gut auskommt. Aber es ist schwierig, wenn jemand beim Arbeiten das Motto hat: „Vielleicht erledigt sich das durch Zeitablauf, daher kann ich es erst einmal liegenlassen". Anfragen liegen zu lassen, ist keine gute Idee. Denn wenn dann Wochen später eine Rückfrage kommt, wann mit einer Antwort zu rechnen ist, ist es meist super eilig. Und wie ich am Anfang lernen musste, gibt es fast keine Standardanfragen, sondern jede Anfrage ist von neuem sehr umfangreich und gefühlt die Ausnahme der Ausnahme. Durch Zeitablauf erledigen sich jedenfalls die wenigstens Anfragen, wie die Erfahrung gezeigt hat. Manche müssen diese Erfahrung wohl erst selber machen.

Ich bin ein harmonischer Mensch und brauche auch ein harmonisches Umfeld bei der Arbeit. Ansonsten belastet mich das sehr. Ich kann es einfach nicht leiden, wenn sich jemand in fremde Angelegenheiten mischt, um nach außen gut dazustehen. Da fehlt für mich der Teamgedanke. Das gilt gerade, wenn jemand selber extrem angefressen ist, wenn ein anderer in seinen Zuständigkeitsbereich auch nur einen Fuß setzt. Dann darf man aber im Gegenzug auch bei den anderen nicht eingreifen. Vor allem ist es nicht schön, eine Einschätzung abzugeben, die von derjenigen abweicht, der eigentlich für die Sache zuständig ist. Schon gar nicht gegenüber Dritten.

Wenn Streitigkeiten dazu führen, dass man sich tagelang nicht grüßt, dann erinnert mich das an das Verhalten von Kindern. Wobei man sagen muss, dass Kinder nicht nachtragend sind. Auf einen Kindergeburtstag habe ich aber bei der Arbeit wenig Lust, denn den hat man mit Kindern bereits zu Hause.

In solchen Fällen braucht man einen Chef, der klare Ansagen macht und die Situation beruhigt. Aber leider gibt es davon immer weniger. Für mich muss ein Chef in der Lage sein, Konflikte zu lösen und auch unangenehme Dinge anzusprechen. Ansonsten wird man nicht für voll genommen, schon gar nicht von Dritten, die in anderen Abteilungen auf gleichwertigen Positionen sitzen. Jedem kann man es im Leben sowieso nicht recht machen. Die Erkenntnis dürfte nichts Neues sein.

Mit meiner Kollegin verstehe ich mich sehr gut, weil sie auch Kinder hat und wir ein Thema haben. Dennoch sind wir wie Tag und Nacht. Das kam auch bei einem gemeinsamen Teamseminar raus. Wenn eine planvoll und strukturiert Dinge abarbeitet, während die andere Freestyle, eher kreativ arbeitet, dann passt das meistens nicht zusammen. Aber wir haben einen gemeinsamen Nenner gefunden, was gut ist. Und die unterschiedlichen Fähigkeiten ergänzen sich hervorragend. Es ist ja gerade gut, wenn die Leute unterschiedlich sind. Man muss nur Wege finden, sich zu arrangieren.

Wenn neue Arbeit zu verteilen ist, drängelt sich keiner in den Vordergrund. Wenn jemand darüber stöhnt, dass man an drei Tagen in Folge eine Überstunde gemacht hat, dann fällt mir dazu nichts mehr ein. Stressresistent ist das jedenfalls nicht. Es wird sich drum gestritten, wer in welches Gremium gehen darf, wer mit wem telefoniert hat, ohne den anderen Bescheid zu sagen und vor allem, wer die Posteingänge übernimmt.

Das Leben ist doch anstrengend genug. Da brauche ich beim besten Willen nicht täglich Streit und „Gezicke". Es sind oft die Männer, die sich bei jedem fachlichen Kommentar angegriffen fühlen.

Wenn es als Schwäche angesehen wird, wenn man Kollegen mal um ihre Meinung zu einem Fall fragt oder einen Kommentar zu einem Sachverhalt eines anderen macht, verstehe ich das nicht. Denn für mich ist das Teamgeist und ein sich gegenseitiges Helfen. Aber das sehen anscheinend manche anders.

Wenn einfach aufgelegt wird, weil man sauer ist, dass sich jemand zu seinen Themen geäußert hat, dann verstehe ich die Welt nicht mehr. Da wusste ich für mich, dass es so nicht mehr weitergehen kann. Das kann man nicht aushalten. Warum wird dagegen nichts unternommen?

Jeden Tag aufs Neue Ärger zu machen und Probleme bei anderen abzuladen, das kann es nicht sein. In einem Team gibt es nicht nur einen, der den Job gut macht, sondern alle sollten an einem Strang ziehen. Es ist sehr schwierig, wenn jemand kein Teamplayer ist und bei den Äußerungen wohl auch keiner werden wird. Wieso haben eigentlich gerade Männer so häufig ein Ego-Problem? Sie müssen anscheinend beweisen, dass sie selbstverständlich deutlich besser sind als die Teilzeitfrauen, die in Gedanken sowieso nur bei ihren Kindern sind und völlig durch den Wind. Das hätte mancher Mann wohl gerne. Aber die meisten Teilzeitfrauen sind derart effektiv, dass sich oftmals Vollzeitmänner nicht gerne daran messen lassen. Und ja, solange es nicht in den Köpfen von einigen Männern und kinderlosen Frauen ankommt, dass Meetings am Vormittag stattfinden müssen, können wir an diesen nicht teilnehmen. Denn eine Sache habe ich mir gleich von Anfang an angewöhnt, auch schon in der Probezeit. Ich nehme nicht an Besprechungen teil, die außerhalb meiner Arbeitszeiten gelegt werden. Denn in dem Moment gewöhnen sich die Leute daran und nehmen gar keine Rücksicht mehr. In einer dreiviertel Stelle muss es auch möglich sein, vormittags Termine zu legen.

Ich möchte nur meine Arbeit erledigen. Das möchte der Arbeitgeber natürlich auch. Dann muss aber auch ein Chef meiner Ansicht mal ein Machtwort sprechen und ein unmögliches Verhalten entsprechend kommentieren und Konsequenzen androhen. Ansonsten ist die Sache aussichtslos.

Homeoffice und Homeschooling wegen Corona

Über das Thema könnte man wohl ein eigenes Buch schreiben.

Wer hätte gedacht, dass das Virus es schafft, unsere gesamte Gesellschaft und Wirtschaft quasi lahmzulegen. Ja, in jeder Krise gibt es sicher auch eine Chance. Aber daran kann man nicht unbedingt denken, wenn man selber Homeoffice macht und ein Kind zu betreuen hat, das viele Schularbeiten zu erledigen hat. Hinzukommt, dass ich das erste Mal gemerkt habe, dass es nachteilig sein kann, nur ein Kind zu haben. Das Kind hat niemanden zum Spielen. Zum Glück ist das Wetter so toll und wir können nachmittags raus in den eigenen Garten. Was würde man sonst machen? Klar Lego und mit Autos spielen, Fernsehen und lesen, Spiele spielen mit den Eltern. Aber was, wenn diese arbeiten müssen.

März 2020

Unsere erste Woche war der Horror. Ich arbeite 30 Stunden die Woche und der Job ist sehr anspruchsvoll. Da kann ich nicht nebenbei mal eben noch ein Kind betreuen und bei den Hausaufgaben unterstützen. Und wir haben in dem Fall sogar Glück, weil wir ein sehr ehrgeiziges und überstrukturiertes Kind haben. Schon am ersten Tag, als es hieß, dass ab Montag die Schule geschlossen bleibt, hat er sofort gesagt, dass er wie in der Schule arbeiten will, also von 8.00 bis 13.00 Uhr. In den zwei Pausen darf er fernsehen. Natürlich pädagogisch nicht besonders wertvoll, aber ein Deal wie ich finde. Dabei habe ich aber nicht bedacht, dass er natürlich nicht dreimal 80 Minuten komplett ruhig in seinem Zimmer sitzt und arbeitet. Tag eins kam und wir saßen zu Dritt jeder an seinem Arbeitsplatz – um Punkt 8.00 Uhr morgens. Soweit so gut. Dann ging es los. Mich erwarteten nach meinem zehntägigen Urlaub gut 260 E-Mails. Diese musste ich erst einmal durchsehen. Der Kleine hat mit Mathe angefangen. Das Heft hatte er immer mit zu Hause für die Hausaufgaben. Das lief super. Nach 70 Minuten piepte seine gestellte Uhr und er wollte um 9.10 Uhr sein Frühstück haben – eben wie in der Schule. Also Mama in die Küche gegangen und Frühstück gemacht. Man muss das motivierte Kind ja bei Laune halten und warum sollte es länger und mehr arbeiten als in der Schule. Wo es recht hat, hat es recht. Dann wurde der Fernseher angemacht. Da wir gerade einen neuen DVD Recorder haben, musste man mehrere Knöpfe drücken, um Fernsehen zu können. Natürlich wurde zunächst lauthals durch das Haus gebrüllt: „Mama, ich kriege den Fernseher nicht an!" Also gut – „Muddi" macht das schon. Warum wird eigentlich immer nach Mama geschrien? Ich wieder runter – ca. die 100. Mail gerade durchgesehen und schon wieder unterbrochen. Gut, dass Papa im Keller arbeitet (für ihn zumindest). Da bekommt man von den Fragen und Kommentaren des Kindes nicht so viel mit. Als der Fernseher lief dachte ich, schnell wieder nach oben und die dreißig Minuten Pause effektiv nutzen.

Aber bei mir selber stieg der Puls, der morgens schon nicht normal war, weiter an. Die Anspannung auch. Wie sollte man das zwei Wochen aushalten? Ich bekam eine leise Ahnung in mir, die nichts Gutes verhieß. An Tag eins wusste ich zum Glück noch nicht, dass es paar Tage später hieß, dass die Schule mindestens fünf Wochen geschlossen bleiben sollte, nämlich bis nach Ostern. Eben wie in allen Bundesländern. Ich wusste, dass die Nerven von uns allen sehr strapaziert werden würden. Aber Tag eins war noch nicht vorbei. Seine engagierte Lehrerin hatte angekündigt, dass sie im Laufe des Vormittags für jedes Kind eine Tüte mit Lernmaterialien vor die Haustür stellen wird. Unser Sohn guckte ab der zweiten Lerneinheit alle zehn Minuten von oben runter, ob die Tüte vor der Tür liegt. Jedes Mal gab es eine kurze Meldung für mich ins Zimmer, dass immer noch keine Tüte da war. Danke für diese Information, dachte ich. Ruhig bleiben. Die zweite Einheit war Lesen. Mangels anderen Materials. 80 Minuten wurden auf der Uhr eingestellt und los ging es. Ein Glück ist Lesen ein verlässliches Programm bei unserem Sohn. Mir tun in solchen Zeiten die Eltern leid, wo die Kinder Lesen nicht mögen. Denn beim Lesen lernt man erstens sehr viel und zweitens vergeht Zeit, in der nichts gefragt wird und in der alle sinnvoll arbeiten können. Aber es war klar, dass irgendwann diese Tüte abgestellt werden würde. Ich hoffte, vor der dritten Einheit. Denn unser Sohn war schon furchtbar nervös, was er denn in der dritten Einheit machen sollte, wenn diese Tüte nicht bald kommen würde. Die Leseeinheit war vorbei. Es war 11.10 Uhr. Die nächste „Glotzeinheit" stand an. Ich selber wurde ebenfalls immer nervöser. Mir persönlich graute vor der Tüte, weil ich wusste, dass wir diese erst einmal durchgucken mussten, bevor ich weiterarbeiten konnte. Aber nun gut. Als hätte die Lehrerin er geahnt, dass bei uns sonst Alarm gewesen wäre, wenn die Tüte nicht um 11.40 Uhr pünktlich zur dritten Einheit da gewesen wäre, schrie unser Sohn gegen 11.35: „Die Tüte ist da, ich habe gerade das Auto gehört!" Na Gott sei Dank. Der Tag war gerettet. Um 11.40 ging es also mit der Tüte nach oben. Die Tüte war gar nicht so voll. Mit fünf verschiedenen Farben waren alle Materialen sauber voneinander getrennt. Sollten sie jedenfalls, wie wir später gelesen haben. Natürlich wurden hektisch alle Dinge aus der Tüte geholt, dass gar keine Ordnung mehr vorhanden war. Und dann lag dort ein Brief für jeden Schüler. Und es waren zahlreiche Hefte dabei und ein dreiseitiger Lernplan für Deutsch, Sachunterricht, Religion, Musik und Kunst. Mathe gab es separat per Mail. Des Weiteren wurde eine App eingerichtet für die Kinder in Mathe und es wurde eine Videokonferenz eingerichtet, dass die Lehrerin alle zwei Tage mit den Kindern kommunizieren bzw. Unterricht machen kann und die Kinder sich auch mal sehen. Alles wirklich toll. Aber was, wenn man als Eltern nicht frei hat, sondern selber arbeiten muss und Telefon- und Videokonferenzen hat? Wir haben zum Glück genau an dem Sonntag vor der Schulschließung einen dritten Laptop bekommen, genau dafür, dass ich diese Zeilen schreiben kann, aber wie sich dann rausstellte auch dafür, dass unser Sohn, während wir arbeiten, die Konferenz mit der Schule mitmachen kann. Mit dem Handy ginge es natürlich auch noch. Aber ich lese meine hereinkommenden SMS oder WhatsApp Nachrichten schon gerne als erstes. Und das Kind muss auch nicht alles mitkriegen, um direkt bei den Nachbarn am Zaun zu hängen, um die neueste Nachricht brühwarm zu übermitteln. Die Lehrer wissen, denke ich, auch wirklich alles, was zu Hause so los ist. Jedenfalls bei uns ist es so, dass wenn man nicht möchte, dass jemand etwas erfährt, unser Sohn davon in keinem Fall etwas mitbekommen sollte. Denn sofort wird alles weitererzählt. Kinder können eben nicht überblicken, dass es Dinge gibt, die man gerne für sich behält. Aber das ist ein anderes Thema!

Zurück zum Schulwahnsinn während Corona. Es ist wirklich toll, dass Kinder Material an die Hand bekommen. Vor allem in Deutsch und Mathe. Das halte ich für wirklich wichtig. Denn ansonsten hätte der Tag keine Struktur und das Loch beim Schulstoff bei den Kindern wäre zu groß. Ich gebe auch ehrlich zu, dass ich zu viel Stoff besser finde als zu wenig. Aber ob man tatsächlich ein Natur-Mandala legen oder ein Fensterbild für den Klassenraum basteln muss, den man, wenn man ehrlich ist, dieses Halbjahr wohl sowieso nicht mehr betreten wird? Das erscheint mir etwas fraglich. Aber vielleicht ist das ein Angebot für die Kinder, die künstlerisch sehr begabt und interessiert sind. Das macht natürlich Sinn. Aber gerade, wenn man parallel arbeiten muss, war mir nicht unbedingt nach kreativen Dingen, bei denen ich unseren Sohn, der da auch nicht so ein Talent hat, unterstützen sollte. Und es ging ja gerade erst los mit Homeschooling. Mit anderen habe ich über die Aufgaben nicht gesprochen, denn bei den meisten anderen ist ja alles so perfekt. Ich weiß sicher, dass am Ende wahrscheinlich unser Sohn mit seinen 3-4 Stunden am Tag plus teilweise noch basteln oder Versuche am Nachmittag plus Sporteinheit, jedenfalls nicht zu den faulsten Schülern zählt, ganz im Gegenteil. Aber einige Eltern haben wohl nach Erhalt des Lehrplans noch an die Lehrerin geschrieben, dass es zu wenig Stoff sei und dass das Kind was die Menge angeht, im Lehrplan hinterherhängen würde. Da wüsste ich gerne mal, wer das gewesen sein soll. Denn das Material war kaum zu schaffen und nach meiner Prognose auch mehr, als die Kinder im Unterricht in der Zeit geschafft hätten.

Nach dem Durchschauen der Unterlagen näherte sich Tag eins dem Ende. Es wurde noch bisschen in einem Heft gearbeitet und dann war Feierabend.

Puh, Tag eins schulmäßig geschafft. Aber da war ja noch was... Arbeiten. Ich musste ja noch auf meine sechs Stunden kommen. Und oh, es war 13.00 Uhr und das

Kind bekommt in der Schule normalerweise gleich was zu essen. Also schnell wieder in die Küche und Essen machen. Am besten wieder Nudeln. Die mag jeder. Aber täglich geht das nicht. Da musste ich mir was einfallen lassen. Ach ja, und das Kind ab vor den Fernseher. Schließlich hatte er ja auch fleißig gearbeitet. Ob das wohl wochenlang so bleiben würde? Man kann es nur hoffen. Im Keller regte sich auch etwas um 13.15 Uhr. Denn auch dort bekam man Hunger von der Arbeit. Dann stand das Essen auf dem Tisch und ich konnte danach weiterarbeiten. Ich musste ja die Pausen alle wieder aufholen. Ein Glück schien die Sonne und unser Sohn konnte raus gehen in den Garten.

Ab morgens dachte ich schon ernsthaft darüber nach, mir einen Schnaps einzuschenken. Das hatte ich noch nie. Aber ich habe es gelassen. Alkohol ist ja bekanntlich keine Lösung, auch wenn es mich in dem Moment sicher ein wenig beruhigt hätte. Aber damit sollte man gar nicht anfangen. Schließlich geht es allen so. Und wir haben nur ein Kind. Ich mag mir nicht vorstellen, wenn man zwei, drei oder vier Tüten vor der Tür gehabt hätte.

Es kamen die ersten Videos per WhatsApp von Freunden an, in denen eine Mutter so derart über „distance learning" geschimpft hat. Ich musste so lachen. Ihr Fazit war, dass man am Ende nicht von Corona sterben würde, sondern von dem Homeschooling. Denn hier muss man ganz ehrlich sagen, je mehr Kinder man hat, desto krasser ist es natürlich, dafür zu sorgen, dass jeder seinen Stoff auch macht. Stellt man sich eine Mutter mit vier Kindern vor und jeder hat so eine engagierte Lehrerin, was ja toll ist, dann ist an selber Arbeiten nicht zu denken. Dann wäre meiner Ansicht nach die einzige Möglichkeit, unbezahlten Urlaub zu nehmen. Aber kann sich das jeder leisten? Wohl nicht. Und kann das wirklich Sinn und Zweck des Home Schoolings sein? Ich finde es schon krass, was durch die Schulschließungen von den Eltern erwartet wird.

Wenn man selber arbeitet, reicht ehrlich gesagt auch ein Kind mehr als genug.

Und ich verrate wohl nicht zu viel, wenn ich sage, dass die Anfangseuphorie mit 80 Minuten arbeiten und Uhr stellen und aufspringen, um weiter zu arbeiten, Woche um Woche und Tag um Tag abnahm. Natürlich werden auch zuerst die Aufgaben erledigt, die Spaß machen. Die anderen werden dann mit „totaler Freude" gegen Ende der Woche erledigt. Da wird die Pause auch gerne ausgedehnt und mit faulen Ausreden versucht, sich vor den Aufgaben zu drücken.

April 2020

Ich kann gar nicht fassen, dass wir gerade schon vier Wochen geschafft haben. Aber meine Nerven sind auch sowas von strapaziert. Immerhin sitzen wir alle noch um acht Uhr am Schreibtisch. Aber ab Tag zwei musste ich ständig seine Aufgaben nachgucken und es wurde alle paar Minuten etwas gezeigt, gefragt oder rüber gerufen, z.B. dass wieder fünf Zeilen Schreibschrift im Heft fertig sind. Es ist gut, dass man bei den eigenen Videokonferenzen einstellen kann, dass sowohl das Bild als auch der Ton aus sind. So fiel nicht auf, dass ich oft gar nicht vor dem Bildschirm saß, sondern beim Kind neben dem Tisch stand und Fragen beantwortete oder Dinge kontrollierte. Ich wusste ja genau, welche Themen mich interessierten und wann ich wieder am Rechner sitzen musste. Das ging wahrscheinlich einigen im Homeoffice so.

Es ist einfach extrem anstrengend für alle. Auch im Klassenchat schrieb eine Mutter schon, dass ihr Kind nicht immer motiviert sei und dass das noch eine Zeit von Heulerei und Motzerei werden würde. Die anderen Eltern schwiegen, wie so oft im Klassenchat. Entweder wollen einige nichts preisgeben, interessieren sich nicht dafür oder es gibt andere Gründe, die ich nicht kenne. Ich habe der Mama dann separat geschrieben, denn man muss in diesen Zeiten zusammenhalten. Aber natürlich muss ich auch nicht meine Gedanken mit Dritten teilen, die sowieso nicht ehrlich sind oder sich eben nicht interessieren.

Das eigene Kind anzutreiben ist nicht immer einfach. Aber in solchen Zeiten braucht man Strukturen. Das ist das allerwichtigste, um nicht völlig durchzudrehen. Und man darf natürlich nicht vergessen, dass die Kinder nicht ausgelastet sind und die Freunde, Hobbys und Schule und vieles mehr fehlen. Aber einem selber eben auch. Man hat gefühlt keine freie Minute zu Hause und noch weniger Zeit für sich. Sonst habe ich wenigstens die Fahrten zur Arbeit, wo man mal in Ruhe telefonieren kann und einmal die Woche gehe ich mit einer Freundin mittags essen. Das alles fehlt. Einmal die Woche kommt die Oma und ich habe Quality-Time mit dem Partner. Das alles findet nicht mehr statt. Immer ist das Kind dabei und muss bei Laune gehalten werden.

Und wie sonst auch, sind die Mütter meistens diejenigen, die alles wuppen. Die Männer wissen gar nicht, was an Schuldingen ansteht und wundern sich, was Woche um Woche auszudrucken ist, wenn wieder ein neuer digitaler Lernplan teilweise sonntags nach 23.00 Uhr verschickt wird. Dann kann montags morgen direkt ab 6.00 Uhr noch alles ausgedruckt werden, damit das Material auch um 8.00 Uhr parat ist. Da ist wenigstens der Puls schon wieder deutlich über normal Zustand. Und die Woche hat noch nicht einmal richtig begonnen. Aber gut, dass der Rest der Familie noch schläft. Da hat man ja wenigstens seine Ruhe und kann alleine ausrasten, ohne zu stören.

Heute ist Sonntag. Ich warte wieder auf den nächsten Arbeitsplan. Vielleicht kommt er ja mal zu einer Zeit, in der man ihn auch noch ohne Stress vor Montagmorgen ausdrucken kann. Aber ich rechne nicht damit, denn die meisten Lehrer haben selber Kinder und können sinnvoll erst arbeiten, wenn die Kinder abends im Bett sind. Das wird sich wohl nicht mehr ändern, solange die Schule zu bleibt.

Dann sind da noch die Videokonferenzen zwei Mal pro Woche. Am Anfang war das nur zum sich sehen, bevor dann der Unterricht losging und die technischen Probleme. Am Anfang haben die Kinder Quatsch gemacht und gelacht. Es fehlten aber viele Kinder. Es waren nur gut zwei Drittel der Kinder dabei. Es war ja auch freiwillig, wie die Lehrerin betonte. Das wussten die Kinder aber nicht. Unser Sohn jedenfalls nicht. Da habe ich kurz geschluckt, als sich in der zweiten Konferenz eine Mutter für ihr Kind meldete und sagte, dass ihr Kind heute keine Lust hätte teilzunehmen, weil das Angebot freiwillig sei. Als sie das ausgesprochen hatte, wusste ich, wozu das bei uns führen würde. Denn ich kenne unseren Sohn. Wir hatten nach der Konferenz eine heftige Diskussion, dass er das Angebot ebenfalls nicht mehr nutzen möchte, weil es freiwillig sei und andere Kinder das auch nicht müssten. Ich hätte mir so gewünscht, dass die Aussage nicht vor den Kindern gemacht worden wäre. Denn wahrscheinlich waren wir danach nicht die einzigen mit Diskussionen. Für mich ist so ein Angebot nicht freiwillig, denn wenn eine Lehrerin so engagiert ist, dann muss man das auch nutzen und dann dürfte es auch die Erwartungshaltung der Lehrerin sein, dass alle, wo es möglich ist, das Angebot nutzen. Eine Pflicht konnte die Lehrerin schon deshalb nicht formulieren, weil es Kinder gab, die gar nicht die technische Möglichkeit hatten, bei einer Videokonferenz teilzunehmen. Das wurde auch durch eine Mail belegt, in der die Eltern, deren Kinder nicht teilnahmen, befragt wurden, was der Grund dafür sei. Danach war für mich klar, dass es sich eigentlich, wie ich es auch verstanden hatte, nicht wirklich um ein freiwilliges Angebot handelte.

Aber wenn das Schuljahr nicht mehr öffnet, dann werden vielleicht auch irgendwann Tests oder mündliche Fragen allein mit der Lehrerin stattfinden, um ein Zeugnis schreiben zu können. Dafür ist es wichtig, dass das Kind regelmäßig teilnimmt, um gar nicht erst so eine Antihaltung zu Videokonferenzen aufzubauen. Denn aus so einer Haltung muss das Kind erst einmal wieder herausgeholt werden.

Ich freute mich innerlich schon auf die nächste Konferenz und wartete ziemlich angespannt auf den Satz: „Mama, ich mache heute nicht mit, weil es freiwillig ist." Es gab erstaunlicherweise kein Theater als wir den Laptop aufbauten. Natürlich alles während unserer Arbeitszeit. Und juhu, alles klappte, aber dann kamen die technischen Probleme dazu und die Tatsache, dass man mindestens eine Stunde nicht arbeiten kann, weil man eben das Kind nicht allein mit dem Laptop lassen kann. Auf einmal konnte unser Sohn nichts mehr sehen und auch selber weder gesehen noch gehört werden. Super aber, dass gerade da Kunst auf dem Plan stand und Bilder nach Anleitung gemalt werden sollten, die in die Kamera gehalten wurden. Als am Ende jeder sein Bild in die Kamera hielt, waren wir froh, dass uns keiner sehen konnte bzw. das Bild. Denn nur mit mündlicher Anleitung konnte man sich nicht vorstellen, wie die Tiere aussehen sollten. Das entstandene Bild landete im Müll, denn mit dem, wie es aussehen sollte, hatte das Bild wenig gemein. Die Anleitung der Tierbilder gab es nämlich später noch per Mail, für kunstinteressierte Kinder, also nicht für unseren Sohn. Wenigstens konnten wir richtig lachen über den Vergleich der Bilder. Aber man war die Stunde dabei, hatte nichts verpasst und ich konnte über eine Stunde nicht richtig arbeiten. Unser Sohn war mehr als genervt und frustriert und auch ich war am Rande eines Wutanfalls. Nicht nur am Rande. Die Anspannung musste quasi entladen werden. Da kam der Partner gerade richtig, der die IT nicht richtig eingestellt hatte und deshalb die Konferenz für mich und unseren Sohn ein voller Erfolg war. Und für die nächste „freiwillige" Konferenz war gute Laune schon vorprogrammiert. Nach so einem Erfolg auf ganzer Linie müssen einfach mal die Fetzen fliegen. Ich habe geschrien, dass ich erwarte, dass nächstes Mal alles läuft und sonst ein IT- Fachmann kommen müsse. Und warum das eigentlich nur bei uns nicht laufe und bei allen anderen klappe? Wir haben später erfahren, dass viele Probleme hatten und sicher auch woanders schon gute Laune herrschte beim Thema Videokonferenz. Beim nächsten Mal hat es funktioniert, vielleicht auch weil ich gearbeitet habe und mein Mann die Stunde übernommen hat. Denn manchmal hilft es auch, wenn in anderen Konstellationen gearbeitet wird. Denn ich sorge schon von 8.00-13.00 Uhr dafür, dass gearbeitet wird und alles läuft. Ich kann es schon nicht mehr zählen, wie oft die Tür zum Kinderzimmer verbarrikadiert wurde und mir Zimmerverbot erteilt wurde. Der obergemeinen Mama, die wieder mit Schulsachen nervt. Man meint es ja nur gut. Aber anscheinend kommt das nicht immer so rüber. Es ist schon saugemein, dass es Schulaufgaben gibt, die erledigt werden müssen. Tag um Tag, Woche um Woche. Denn wir wissen, dass es bald den nächsten Lernplan gibt, sicher wieder mit umfangreichen Aufgaben für alle Fächer. Wenn man einmal von der Struktur abweicht, dann wird das Kind es sich merken und immer wieder versuchen, aus den vereinbarten Strukturen auszubrechen. Ich kenne ja unseren Sohn. Nein, das kam nicht in Frage. Außer freitags. Da war einmal die Woche ausschlafen angesagt, weil meistens schon unauffällig eine Einheit an einem

Nachmittag erledigt wurde, ohne dass unser Sohn das als Hausaufgaben wahrgenommen hat. Wie zum Beispiel einen Versuch machen oder einen Brief an seinen besten Freund schreiben. Da kann man gute Argumente finden, wie: „Der Brief soll ja vor Ostern ankommen, daher muss er heute noch zum Briefkasten." Solche kleinen Notlügen braucht man manchmal.

Das gute am ersten Lernplan war, dass die Tüte mit Material vor der Tür stand. Das ist natürlich schon ein außergewöhnlicher Service der Lehrerin gewesen. Das hat man gemerkt, als der nächste digitale Lernplan mit über 100 Seiten zum Ausdrucken per Mail einging. Da kommt Freude auf. Bei der ganzen Familie. Wer kennt es nicht, dass immer dann, wenn man was drucken will, irgendwas nicht klappt. Bei der Examenshausarbeit ging früher gern drei Seiten vor dem Ende der Drucker kaputt. Aber jetzt reichte mir schon, dass der Drucker noch nicht auf dem neuen Laptop installiert war und dass das Format teilweise schwierig zu öffnen und auf guter Größe zu drucken war. Durch die Anspannung der Gesamtsituation reichte das schon, um richtig schlechte Laune zu haben.

Als der Plan dann nach einer guten halben Stunde ausgedruckt in Folien bereit lag, stieg die Stimmung bei der Masse an Aufgaben, die zu erledigen waren. Aber es war Samstag, ich wollte nur nicht wieder Montagmorgen um 6 Uhr unter totalem Druck drucken. Daher kurz die Stimmung am Wochenende versauen, um dann wieder runter zu kommen und zu versuchen sich zu entspannen.

Am Anfang, also in der ersten Woche der Schulschließungen, gab es noch kein Kontaktverbot. Das wurde erst nach einer Woche eingeführt. Das war eine zusätzliche Challenge, gerade bei einem Einzelkind.

Wie handhaben das die anderen eigentlich tatsächlich mit dem Kontaktverbot? Wir hatten in der ersten Woche unserem Sohn einen Kontakt mit dem Nachbarn erlaubt. Aber nur draußen, mit Handschuhen Fußball im Garten. Die zwei haben sieben Tage nachmittags zwei Stunden gespielt. Das hat zumindest für ein wenig Ausgleich und Zufriedenheit gesorgt. Bis wir dann am Montag der zweiten Woche einen Anruf bekamen, dass sein Freund positiv auf Corona getestet wurde. Mir wurde ganz anders. Ich hätte augenblicklich vom Stuhl fallen können. An Arbeiten war an dem Tag nicht mehr zu denken. Jetzt mussten wir selber zwei Wochen in (freiwilliger) Quarantäne bleiben. Auch das noch! Gut, dass ich wenigstens genug Vorräte hatte, sodass wir nicht andere um viele Besorgungen bitten mussten. Das konnte doch wirklich nicht wahr sein. Wir kannten niemanden, der positiv getestet wurde, und dann ausgerechnet die einzige Person, mit der unser Sohn eine Woche lang Kontakt hatte. Ich war einfach nur fertig und panisch zugleich. Was, wenn wir es auch bekommen und einen schweren Verlauf haben? Die Gedanken tanzten Samba im Kopf. Ich bin sowieso großartig darin, Horrorszenarien im Kopf durchzuspielen. Bei dem was in der Presse über Corona berichtet wurde, konnte man hervorragend Geschichten im Kopf spinnen. Den Gedanken waren keine Grenzen gesetzt. Und die einzigen Helfer, die Großeltern, durften nicht mehr eingespannt werden.

Wir blieben verschont, jedenfalls haben wir nicht gemerkt, wenn wir ebenfalls positiv gewesen wären. Die Nachricht bedeutet aber natürlich eine komplette Isolation. Ich dachte wirklich, ich drehe durch. Nicht mal mehr zum Einkaufen gehen. Gar nicht mehr das Haus verlassen. Eine schreckliche Vorstellung.

Jeden Nachmittag um 15 Uhr hatte ich Fußball Training bei unserem Sohn. Jede Minute, die ich zu spät kam, wurde mit einer Strafrunde ums Haus belegt. Da stieg innerlich meine Stimmung schon gewaltig. Aber was solls. Ich hatte gesagt, dass er der Trainer ist. Welche Konsequenzen damit einhergingen, hatte ich, wie leider so oft bei meinen schlauen Ideen, nicht bedacht.

Mit Hütchen wurden Stationen aufgebaut und los ging es. Nach einer Weile machte es mir richtig Spaß. Die Zeit ging rum, ich bewegte mich an der frischen Luft und ich traf bei der Torwand mittlerweile sogar auch die oberen Löcher. Das hatte ich noch nie geschafft. Man merkte richtig, wie nachmittags bei mir die Anspannung nachließ, je weiter die Zeit und der Tag voranschritt. Und auch unser Sohn entspannte sich zunehmend. Es wurde nicht mehr jeder meiner Kommentare mit einem wütenden Gesicht bedacht. Bei Kindern mit Bewegungsdrang fehlt natürlich die Bewegung auf dem Weg zur Schule, in den Pausen, im Sportunterricht, beim Fußball Training und den Turnieren etc. Das konnte ich nicht ausgleichen mit unseren Trainingseinheiten. Aber wenigstens hatten wir einen Garten und das Wetter spielte mit. Ich weiß nicht, was bei den Familien los gewesen wäre, wenn es typisches März- und Aprilwetter gegeben hätte mit viel

Regen. Es schien fast jeden Tag die Sonne. Als würde der liebe Gott die Isolation und den sonstigen Stress wenigstens mit gutem Wetter ausgleichen wollen. Was für ein Segen. Früher war mir ein Haus mit Garten nie wichtig. Aber jetzt bin ich jeden Tag so dankbar, dass man ums eigene Haus gehen kann, ohne das Grundstück zu verlassen und trotzdem genug Auslauf bekommt. Eine Quarantäne in einer Wohnung hätte mich, glaube ich, an den Rand der Verzweiflung gebracht. Gerade bei so schönem Wetter.

Apropos Quarantäne. Wenn wir nicht zwei Mal am Tag Nudeln mit Ketchup essen wollten, waren wir darauf angewiesen, dass uns jemand Essen vorbeibringt. Viele Freunde hatten sich angeboten. Aber waren sie auch bereit, wenn man auf das Angebot tatsächlich zurückkam? Einige zum Glück schon! Aber ich empfand es als schlimm, auf fremde Hilfe angewiesen zu sein. Wie schön ist es, samstags auf den Markt zu gehen und leckere Dinge zu kaufen. Es war auch nicht leicht, jemanden zu finden, der tatsächlich für einen zum Markt fuhr, um Dinge zu besorgen. Der eine war morgens schon ganz früh beim Markt, bevor unsere Anfrage kam. Nicht dass ich meinen Mann schon am Freitag gebeten hätte, ihn zu fragen. Aber egal. Den Kommentar konnte ich mir dennoch nicht verkneifen. Schließlich wollte man auch paar leckere Dinge haben, um sich in der Isolation bisschen was zu gönnen. Die nächsten zwei Anrufe führten ebenfalls nicht zum Erfolg. Es ist eben auch leichter etwas anzubieten, als es dann wirklich umzusetzen. Aber es ist Goldwert, wenn man Nachbarn hat, auf die man sich verlassen kann. Von Lieferungen vom Restaurant an der Ecke bis zum Einkaufen und auch Markteinkäufe. Da musste dann auch mal eine Flasche von unserem Lieblingswein dran glauben als Dank. Wir haben schließlich noch genug Vorräte im Keller, was sehr wichtig ist in dieser Zeit. Nicht dass man jeden Abend trinken würde, aber sicher ist sicher.

Wie viele Leute halten sich eigentlich wirklich an die Isolation? Ich weiß es nicht. Ich denke, nicht genug. Ich hätte auch schnell um sieben zum Markt fahren können, um nicht bei Dritten zu betteln. Aber das ist verboten und an Verbote sollte man sich halten. Und da unser Sohn so eine „Quasseltasche" ist, muss man auf Nummer sicher gehen. Und natürlich auch der Gesundheit und Vorsicht zuliebe.

Nach Ostern will die Regierung entscheiden, wie es weitergeht. Es bleibt nur abzuwarten. Alle, aber vor allem

Eltern, warten auf diese Botschaft mit Spannung. Eigentlich weiß wohl jeder schon, dass nicht ab dem 20.04.2020 wieder alles im Normalzustand ist. Aber die Hoffnung kann man ja trotzdem haben. Aber könnte man die Kinder ruhigen Gewissens in die Schule lassen? Von heute auf morgen sollen wieder Klassen in ihren Klassenräumen sitzen und gemeinsame Klos benutzen. Ist auch immer Seife da und wie werden zwei Meter Abstand eingehalten? Das ist im Grundschulalter unmöglich. Die Kinder vergessen es und spielen zusammen. Und wenn jedes Kind mit Maske in die Schule soll, nein, dann lasst die Schulen lieber zu (das dachte man jedenfalls zu dem Zeitpunkt). Denn das Theater des Maskentragens möchte ich mit unserem Sohn nicht austragen. Und wie man liest, sind Masken auch nur sicher, wenn man ausreichend Abstand einhält. Wir haben auch bisher nur eine einzige Maske in rosa. Also eine inakzeptable Farbe. Da müssen wir dringend aufstocken.

Nun ja. Morgen geht es wieder los. Immerhin ist es nur eine vier Tage Woche. Zurzeit versuche ich nur von Tag zu Tag zu leben und dafür zu sorgen, dass die Stimmung nicht zu sehr in den Keller geht.

Die Regierung hat entschieden. Die Schulen öffnen nur nach und nach in zwei Wochen. Mein erster Gedanke war: „Oh je!" „Wie soll man das aushalten?" Noch mindestens weitere drei Wochen. Und dann vielleicht zwei Tage die Woche. Dann sind auch schon wieder Ferien, wenn auch nur für eine Woche. Aber immerhin eine Woche ohne Schulmaterial. Wie soll man das mit der eigenen Arbeit vereinbaren? Wenn auch in den Sommerferien alle Camps ausfallen, wie sollen die Eltern ihrer eigenen Arbeit nachgehen? Soviel Urlaub hat man nicht. Und unbezahlten Urlaub kann sich auch nicht jeder leisten. Aber zurzeit gilt das Motto, immer nur von Tag zu Tag zu denken, höchstens eine Woche im Voraus planen.

Gestern am Sonntag habe ich wieder den nächsten Plan ausgedruckt und war voller Vorfreude. Die Klasse hat letzte Woche jeder einen Brieffreund bekommen. Das wurde in der letzten Konferenz bekanntgegeben. Die Eltern mussten noch aus Datenschutzgründen bestätigen, dass die Adresse an die andere Lehrerin weitergegeben durfte. Zwei Familien haben die Einwilligung nicht erteilt, was ihr gutes Recht ist. Aus welchem Grund auch immer. Ich weiß es nicht. Aber da die Lehrerin das kommuniziert hat, war mir klar, dass wieder einmal Ärger auf mich wartete. Die Lehrerin muss sich natürlich rechtlich absichern und kann nicht einfach Adressen weitergeben. Dass aber nicht alle teilnehmen, hätte sie wahrscheinlich nicht gedacht. Für mich war es klar, wenn die Lehrerin sich einsetzt und so etwas organisiert, dass es auch keine Frage des Wollens, sondern eine Pflicht ist, die rechtlich abgesichert werden soll. Als die Ansage kam, dass die zwei, die keinen Brieffreund wollen, in der zweiten Hälfte der Videokonferenz dann aus der Konferenz gehen können, weil sie dann den ersten Brief gemeinsam schreiben, ahnte ich schon dunkel, was auf mich zukommen würde. Die Konferenz ging los und alles war gut. Ich arbeitete und mein Mann beaufsichtigte, wie zuletzt immer, die Konferenz. Nach einer guten halben Stunde hörte ich ein wildes stampfen auf der Treppe und unser Sohn riss die Tür zum Arbeitszimmer auf. Er stand da wie Rumpelstilzchen, beide Hände in der Hüfte und schrie mich an, warum er einen Brieffreund hätte und andere nicht. Das sei freiwillig und er wolle ebenfalls keinen Brieffreund. Mir fiel in dem Moment alles aus dem Gesicht, obwohl ich unseren Sohn nur zu gut kenne und wusste, dass ihm das nicht passen würde, dass einige nicht mitmachen, er aber ja. Ich bin mittlerweile ziemlich gut darin mit Engelszungen auf ihn einzureden. Jahrelange Arbeit zahlt sich aus. Da die Partnerklasse in Österreich wohnt und bei Salzburg einer seiner Lieblingsfußballspieler gespielt hat, versuchte ich ganz ruhig zu sagen, dass sie sich doch bestimmt toll über Fußball austauschen können und der andere bestimmt Erling Haaland, den neuen Wunderstürmer beim BVB, kennt. Daraufhin hellte sich sein Gesicht etwas auf. Ich bekam dennoch noch einen grantigen Blick zugeworfen und er begab sich wieder vor den Rechner. Als die Klasse dann gemeinsam überlegte, was man die Brieffreunde denn fragen könnte, warf er immerhin ein, dass man nach deren Lieblingsfußballverein fragen könne. Meine Nerven waren sowas von strapaziert. Und das alles völlig unnötig. Ich wäre selber nicht auf die Idee gekommen, unseren Sohn zu fragen, ob er einen Brieffreund möchte. Für mich war klar, dass man der Lehrerin die gewollte Bescheinigung gibt. Jetzt hatten zwei Kinder aus der Partnerklasse keinen Brieffreund, was ziemlich schade ist. Mein Reden mit Engelszungen führte aber dazu, dass sich unser Sohn dann freute und sogar am selben Tag noch einen Brief schrieb, den wir zur Post brachten. Jetzt mal abwarten, wann ein Brief zurückkommt. Hoffentlich ist der Brieffreund auch Fußballfan. Worüber soll man sich sonst bloß austauschen?!? Und tatsächlich kam nach einer Woche ein Brief zurück. Und ja, der Brieffreund war zum Glück auch großer Fußball-fan. Zwar vom falschen Verein, nämlich von Bayern München, aber immerhin findet er den BVB auch nicht schlecht. Nach Erhalt des Briefes rannte unser Sohn direkt mit seinem neuen Fußballbuch, in dem ich alle seine Fußballbilder aus dem letzten Jahr in ein Album gemacht habe, zum Drucker und Kopierer, um die besten Fotos für den Brieffreund zu kopieren. Kaum zu glauben, dass er vor rund eineinhalb Wochen hier noch rumgebrüllt hat, dass er keinen Brieffreund will. Manchmal muss man die Kinder eben zu ihrem Glück zwingen. Mittlerweile fiebert er täglich dem Postboten entgegen. Der meiste Ärger löst sich ja von selber auf zum Glück und hat am Ende sogar manchmal noch was Gutes.

Ein positives Erlebnis in Zeiten von Corona sind meine wöchentlichen Videokonferenzen mit zwei Freundinnen. Jeder sitzt mit einem Glas Wein und dem Telefon an einem ruhigen Ort im Haus/Wohnung und wir schnacken eine gute Stunde nett. Es tut so gut zu hören, dass es überall das gleiche ist. Und jeder der mir zurzeit etwas anderes erzählt, mit dem werde ich mich die nächsten Wochen nicht mehr unterhalten. Soviel steht fest.

Das mit dem ruhigen Ort klappt zwischendurch leider nur so mäßig. Denn die Partner und Kinder sind überall zu Hause. Wo auch sonst. Beim ersten Mal wurden wir gar nicht gestört und konnten uns austauschen. Beim nächsten Mal wollten dann schon die Partner mal kurz Hallo sagen und beim nächsten Mal wurden dann auch die Kinder aufmerksam, dass Mama ja mal allein was macht und das auch noch mit dem Handy zu tun hat. Das ist natürlich interessant. Am schlimmsten war es, als unser Sohn noch für Ostern eine Schatzsuche vorbereiten wollte für uns. Das ist ja dem Grunde nach toll. Aber jede Minute ging die Tür auf und es wurde gefragt, wo die Klebe ist und wo Papier usw. Besonders schön fand ich, dass mein Mann mit einem Bier draußen an der Feuerschale saß und ich einfach mal eine Stunde in Ruhe telefonieren wollte. Eine Stunde in der Woche. Das war aber wirklich etwas zu viel verlangt. Aber nun gut. Nerven bewahren und lächeln. Wie sonst auch. Nur leider liegen meine Nerven mittlerweile so blank nach den Wochen zu Hause, dass mir das sehr schwerfällt.

Wenigstens scheint die Sonne, wirklich Tag um Tag. Ich glaube ansonsten würden die meisten Leute schon richtig einen Zuviel bekommen. So kann man wenigstens immer raus und etwas Vitamin D tanken und auslüften und neue Energie sammeln. Und gleichzeitig bewegt man sich täglich. Also mehr als sonst. Aber die Dinge positiv zu sehen, fällt mir unfassbar schwer. Vor ein paar Tagen hat eine Freundin mir ein Video geschickt, wo eine Frau in die Kamera sagte, wie super es ihr geht und wie toll die Familie harmonisiert und dass man für so viele Sachen Zeit hat, zu denen man sonst nicht kommt. Daneben hatte sie einen Block, wo immer Sätze wie „ich kann nicht mehr" oder „immer sind alle da" und „Mama hier und Mama da" draufstanden. Ich musste mich richtig kaputtlachen. Der letzte Satz hieß „holt mich hier raus". Ich glaube, dass kann jeder der ehrlich ist gut nachvollziehen. Ich denke das auch mehrfach am Tag, wenn wieder aus dem Nichts Theater wegen absoluten Kleinigkeiten ist oder eine Stunde rumgemacht wird für eine Schulaufgabe, für die man normalerweise keine zehn Minuten braucht. Die Unausgeglichenheit unseres Sohnes wird Woche um Woche nicht gerade besser. Die Bewegung, die er sonst bekommt, können wir ihm nicht bieten. Und er muss ja auch vormittags Schulsachen machen. Es nützt nichts.

Was macht das Virus mit unserer Gesellschaft? Wie viele Leute werden psychische Probleme bekommen oder haben schon welche? Wie viele Leute werden mit ihren

Unternehmen pleitegehen? Wann wird man wieder in den Urlaub können? Die Reise im Mai musste ich schon absagen. Wir brauchen aber dringend Abstand vom Alltag, um uns richtig zu erholen. Was passiert, wenn diese Erholung die nächsten Monate nicht stattfindet? Bei den Gedanken daran, muss ich schnell den Laptop ausschalten. Schließlich wollen wir eher lustige Dinge lesen. Negatives passiert schon genug auf der Welt.

Eine Freundin hat ein Bild bei WhatsApp mit folgenden Worten: „Scheiss Corona, Scheiss Viren, Scheiss Hamster, Scheiss Masken, Scheiss Klopapier, Scheiss Krise, Scheiss Niesetikette, Scheiss Pandemie, Scheiss Händewaschen, Scheiss Angst, Scheiss Kontaktverbot, Scheiss Covid-19, Scheiss Desinfektionsmittel, Scheiss trockene Hände, Scheiss RKI, Scheiss Quarantäne, Scheiss Parties, Scheiss leere Regale, Scheiss Kernfamilie, Scheiss Abstand, Scheiss Soforthilfe, Scheiss Virologen, Scheiss Homeoffice, Scheiss autoritäre Nutzniesser, Scheiss Dosenravioli, Scheiss Panik, Scheiss Schlange, Scheiss allein zu Haus, Scheiss Seife, Scheiss Ausgangssperre, Scheiss bestätigte Fälle, Scheiss Kacke".

Die Worte empfinde ich als so zutreffend. Es ist einfach nur nervig alles. Und ja, wer kann schon die Zeit mit der

Kernfamilie so richtig genießen. Der Stress und die Unausgeglichenheit sind einfach zu groß. Klar ist es toll, dass man einiges schafft zu dem man sonst keine Zeit hat, aber der Preis ist auch extrem hoch. Wie lange sollen wir das noch aushalten, dieses gefangen sein zu Hause und das Homeoffice parallel zum Homeschooling. Tag um Tag sinkt die Motivation. Und ich weiß genau, dass, wenn ich einmal lockerlasse, ich es bitter bereuen werde. Also wird der Kampf Tag um Tag geführt. Es macht mich förmlich wahnsinnig, wenn unser Sohn in 80 Minuten Einheit kein einziges Wort schreibt und mich davon aber noch mindestens 45 Minuten selber von der Arbeit abhält. Aber da muss ich am Ball und vor allem hart bleiben. Oder müsste ich mal lockerer werden? Einige lassen es laufen und verfahren nach dem Motto, Hauptsache kein Theater zu Hause.

Vielleicht ist unser Sohn am Ende der Krise der einzige in der Klasse, der wirklich jede Aufgabe jedes Lernplans erledigt hat. Aber schadet es ihm? Die Frage, die ich mir daher stellen muss, ist, wäre der Stress zwischen uns weniger, wenn ich entspannter wäre und sagen würde, es reicht, wenn Du das machts was du möchtest. Eine Stunde am Tag reicht aus. Das kann sein. Aber was macht er dann in der restlichen Zeit, in der ich arbeiten muss. Sich alleine beschäftigen ist seit der Krise nicht gerade seine größte Stärke. Außer mit Autos und Zügen spielen geht nur noch lesen. Und natürlich daddeln oder fernsehen. Das geht sowieso immer. Da fechtet man gerade in der Krise einige Kämpfe aus, weil das nicht Überhand nehmen darf. Ich bekomme innerlich echt die Krise, wenn er fünf Stunden am Tag vor der Glotze hängt, was leider teilweise der Fall war. Denn wenn man selber in Telcos hängt, dann macht er nicht von alleine aus. Sonst darf er nur eine Stunde am Tag schauen. Und das finde ich schon viel.

Mein Mann ist heute nach sechs Wochen wieder ins Büro gefahren. Und ich muss sagen, dass es sich gut anfühlt. Zwar ist es ungewohnt, wenn man vorher sich rund um die Uhr in einem Haus aufhält. Aber es fühlt sich ein bisschen nach üblichem Alltag an. Ich bin mit dem Kind zu Hause, das gerade mal mit den Nachbarn ein wenig mit dem Fahrrad in den Straßen umherfährt. Jeder braucht seinen Freiraum und ich fühl mich gerade richtig frei. Komisch, am Anfang hatte ich fast Angst, dass mein Mann ins Büro fährt. Fast so wie nach den zwei Wochen Urlaub nach der Geburt von unserem Sohn. Da habe ich schon zwei Tage vor dem letzten Tag der zwei Wochen angefangen zu weinen bei dem Gedanken. Ganz so schlimm war es heute nicht. Denn heute war ich im ersten Moment zwar entsetzt und dachte, dass ich es allein nicht schaffen kann. Aber dann habe ich schnell gemerkt, wie gut es tut, wenn nicht permanent die gesamte Kernfamilie auf einem Fleck hockt. Denn dann merkt man, dass man sich auch ganz schön auf den Keks geht. Nicht ohne Grund haben wir letzte Woche einen Boxsack bestellt. Der wird hoffentlich seinen Teil zur Entspannung in der Familie beitragen. Ich glaube fest daran. Ich weiß wie kaputt ich schon vom Boxen bei der Wii bin. Es ist richtig anstrengend seine Arme immer oben zu halten und zu boxen. Das führt vielleicht auch noch dazu, dass ich ein paar Kilo verliere.

Da komme ich zum nächsten Thema. Wieso bin ich eigentlich die Einzige, die während Corona zunimmt und der Rest der Familie nicht. Wenn dann Sprüche kommen wie „Du darfst beim Kanu fahren nicht mitkommen, weil Du die schwerste der Familie bist und das Boot dann nicht vorankommt", dann muss ich schlucken und kann das nicht gelassen zur Kenntnis nehmen. Aber wer kann das schon. Natürlich ist man dann getroffen und sauer. Gerade wenn das sowieso der eigene wunde Punkt ist.

Die Süßigkeiten schmecken einfach zu lecker. Ich bewundere eine Freundin, die es geschafft hat über 20 Kilo abzunehmen und keinen Alkohol mehr trinkt und keinen Zucker isst. Das kann ich nicht schaffen. Und schon gar nicht in Zeiten von Corona. Gestern brauchte ich abends schon wieder einen Schnaps, um runter zu kommen. Klar ist das keine Lösung, aber manchmal tut es einem sehr gut, um etwas entspannter zu werden und die Dinge etwas mehr an sich abprallen zu lassen.

Die Stimmung war die letzte Woche unterirdisch. Montag und Freitag ging es. Wahrscheinlich, weil die Tage jeweils dichter am Wochenende dran sind und am Montag der Stress bei allen noch nicht so groß ist und am Freitag schon wieder das Wochenende in Sicht ist. Ich dachte am Mittwochabend, dass wir bald keinen normalen Ton mehr haben. Ein Wort gab das andere und schon wieder Theater. Und ich muss ja noch dafür sorgen, dass trotz Theater die Schulsachen erledigt werden, die leider auch nicht weniger werden. Ein Einzelkind hat zurzeit niemanden zum Streiten. Nur die Eltern. Und wenn der Papa viel arbeitet, dann ist eben wie so oft die Mama der Blitzableiter. Ein paar Mal wollte er diese Woche ausziehen, bei so einer gemeinen Mama kann ich das auch sehr gut verstehen. Als ich dann fragte, wo er denn hinziehen will, sagte er bitter schluchzend: „Auf mein Trampolin." Innerlich hätte ich mich wegschmeißen können, obwohl ich auf der anderen Seite stinkesauer war über sein Benehmen. Aber da sieht man, dass ein Kind mit sieben Jahren noch echt klein ist. Er würde ja schon vor Angst nie eine Nacht draußen allein aushalten. Aber in seinem Kopf ist das in dem Moment ein Ausweg von dem Ärger. Wir vertragen uns dann auch schnell wieder. Aber er hat mich einfach auf dem Kieker und weiß genau, wie er mich von 0 auf 100 bringt in einer Sekunde. Wir sind alle nicht entspannt, das bedingt schon die Situation. Man weiß nicht, wie es weiter geht. Wie lange der Zustand noch anhält und ob alle gesund bleiben. Das ist natürlich immer noch das Wichtigste. Aber ich muss sagen, dass ich das leider jeden Tag aus den Augen verliere und mich von Kleinigkeiten total aus der Fassung bringen lasse. Das Homeschooling kann einen an den Rand des Wahnsinns treiben. Wie bringt man ein Kind, bei dem die Motivation in Woche sechs nachlässt, dazu, die Aufgaben aus dem Lernplan zu erledigen. Gerade wenn es auch Aufgaben gibt, die ihm keinen Spaß bringen. Es ist so nervenaufreibend. Ich kann mittlerweile sehr gut einschätzen, wie lange er für was braucht. Wenn er Sachen schnell erledigt, kann er auch eher Pause machen. Aber wenn er eine Stunde Löcher in die Luft starrt und nur drei Zeilen schafft, reicht das nicht. Und die Lehrerin hat noch gesagt, dass auch mal einen Tag Pause gemacht werden kann und die Sachen dann am Wochenende oder in den Ferien nachgeholt werden können. Davon halte ich gar nichts. Ferien und Wochenende sind frei. Das war schon immer so und muss auch in Zeiten von Corona so bleiben. Ansonsten wäre für die Kinder nicht nur der Alltag in der Woche anders, sondern auch noch das Wochenende. Das würden meine Nerven nicht aushalten. Nein, die Sachen müssen in der Woche erledigt werden. Wenn nicht alles am Vormittag, dann eben noch nachmittags. Aber irgendwann muss das Thema Schule für den Tag vorbei sein. Letzte Woche hat unser Sohn am Donnerstag noch alles fertig gemacht, weil er dann Freitag frei hatte. In der Videokonferenz am Donnerstag stand Kunst auf dem Plan. Das Bild, das gefertigt wurde, sollte dann als Karte für einen Klassenkameraden dienen, der bei der nächsten Konferenz Geburtstag hat. Das empfand unser Sohn als ungerecht. Erstens bekommen andere Kinder auch nicht von jedem Kind eine Karte und zweitens war sein Lehrplan fertig und dann musste er aus dem Bild noch eine Karte basteln und eine Karte schreiben. Ich musste also wieder eine Idee entwickeln, wie ich ihn dazu bekomme, die Karte fertig zu machen, obwohl er eigentlich frei hat. Wir sind dann erst mal joggen gegangen. Auspowern ist immer gut gegen schlechte Stimmung. Dann ist die Antihaltung zu Dingen nicht mehr ganz so groß. Und so war es dann auch. Wir planten eine Partie Schach zu spielen und ich grübelte, wie ich ihn dazu bewegen kann, diese Karte zu schreiben. Eine Challenge ist immer gut. Also war mein Vorschlag „mal sehen, ob Du eher die Karte geschrieben hast oder ich das Schachbrett aufgebaut habe." Und „chacka", es hat gezogen. Er braucht ständig einen Wettkampf. Zackig war die Karte geschrieben, natürlich baute ich extra langsam auf, denn der Gewinner durfte den ersten Zug des anderen bestimmen. Er weiß nicht, dass es mir völlig egal ist, wenn ich verliere. Auf den Ärger, wenn ich schneller bin, hatte ich gar keine Lust. Hauptsache die Sachen werden erledigt. Puh geschafft! Die letzte Aufgabe der Woche erledigt. Das hält man aber nicht durch, wenn das auf Dauer auch mit anderen Aufgaben so weitergeht. Aber ich denke immer nur von einem Tag zum nächsten. Ansonsten wird man bekloppt.

Es ist so ungerecht. Ich bin diejenige, die alles macht und unseren Sohn unterstützt. Und dennoch bin ich sein rotes Tuch. Der Antreiber eben. Das Schicksal der Mütter. Da ich nicht so gut schlafen kann, wache ich sehr früh, meistens gegen sechs Uhr auf. Am Wochenende fahre ich dann schon früh auf den Markt, um alles zu bekommen und den Einkauf schon mal erledigt zu haben. Wenn ich nach Hause komme, lege ich mich noch mal mit ins Bett. Mit guter Stimmung legt man sich hin und dann kommt die Frage: „Hast Du Maiskolben mitgebracht?" Darauf antwortete ich: „Nein.! Wenn dann die Antwort ist „Mama, du hast wieder verkackt". Dann ist meine ziemlich gute Laune sehr schnell auf dem absoluten Tiefpunkt angekommen und meine Lust auf Familienkuscheln auch. Meine Gedanken sind dann: „Ich freue mich nicht Euch zu sehen". Am liebsten würde ich dann mit allen Einkäufen losfahren und paar Tage nicht wiederkommen. Aber das geht natürlich nicht. Ich hatte schon überlegt paar Tage zu meinen Eltern zu fahren, damit alle mal ein wenig Abstand bekommen. Aber das stieß in der Familie nicht auf Zustimmung. Wahrscheinlich, weil dann kein Depp mehr da ist, der alles erledigt und den man anmotzen und beleidigen kann. Das wäre dann ja auch langweilig. Aber wenn ich ehrlich bin, würde ich es gerade in der derzeitigen Lage gar nicht aushalten, paar Tage wegzufahren. Denn dann würde ich die Kontrolle über das was läuft komplett verlieren und wie viel von den Schulaufgaben dann erledigt würden, möchte ich auch lieber gar nicht wissen. Also bleibt es bei der Devise: „Durchhalten!"

Die Nachmittage spielt unser Sohn jetzt wenigstens wieder mit den Nachbarn. Denn ganz ohne Kontakt zu anderen Kindern geht es einfach nicht länger als ein paar Wochen. Das Spielen mit gleichaltrigen Kindern können Eltern nicht ersetzen. Man kann sich bemühen, so gut es geht die Zeit zu überbrücken. Aber alles wird nach einiger Zeit langweilig. Sogar Fußball. Aber kein Wunder, die meisten Mamas können das auch nicht so richtig gut.

Tag eins der Woche ist geschafft. Herrlich. Nur noch drei Tage, denn Freitag ist Feiertag, ein wahrlicher Segen, dass wenigstens die Feiertagssaison im Gange ist. Was gab es für Kuriositäten diese Woche? Ich kann nur sagen, es wird alles beschwerlicher. Die Motivation in Sachen Schulsachen geht immer mehr in den Keller. Einen Aufreger brachte wieder eine der beiden Telefonkonferenzen der Woche. Denn die Lehrerin hat im Namen einer Mutter am Anfang direkt gesagt, dass ein Junge heute nach einer halben Stunde die Konferenz verlässt, weil er sonst seinen Lernplan nicht schafft. Wieso kann der nicht einfach gar nicht teilnehmen oder sich einfach

still abmelden und das vorher mit der Lehrerin absprechen? Innerlich hätte ich durchdrehen können, dass das
erneut vor allen Kindern gesagt wurde. Ist es nicht so,
dass alle Kinder den gleichen Plan erhalten haben? Die
anderen Kinder schaffen auch an dem Tag der Konferenz
nicht so viel wie an den anderen Tagen. Und ich wusste,
was passiert. Nach 30 Minuten schaltete unser Sohn das
Mikrofon auf leise und machte die Kamera aus und war
Rumpelstilzchen, warum er weiter mit machen muss
und xy raus darf. Mir fehlten die Worte. Ich halte das
bald nicht mehr aus. Es ist nur gut gemeint und ein super
Angebot. Aber was bringt es uns, wenn es ständig Ärger
gibt? Und das immer während meiner Arbeitszeit, die
sich damit immer weiter nach hinter verlagert.

An manchen Tagen läuft die ein oder andere Stunde vormittags immer noch ab, ohne dass unser Sohn auch nur
ein Wort geschrieben hat. Es wird dann nachmittags
noch erledigt. Aber warum kann er nicht einfach drei
Einheiten lang eine Stunde bzw. auch mal nur eine
halbe, wenn man schnell ist, einfach konzentriert seine
Sachen erledigen. Es macht mich wahnsinnig zu sehen,
wie Zeit vergeht und der Feierabend immer weiter nach
hinten rückt. Denn es nützt nichts, der Lernplan muss er-

ledigt werden. Ansonsten muss das in den Ferien nach-geholt werden. Und Ferien sind Ferien. Da kann gelesen werden aus Freude. Aber das war es auch. Ansonsten soll frei sein. Teilweise spielen wir Gesellschaftsspiele am Nachmittag und nach jedem Spiel wird eine Aufgabe erledigt. Das macht mich innerlich wahnsinnig, aber we-nigstens sind die Dinge dann fertig.

Im letzten Lernplan stand in Sachkunde ein Pflanzpro-jekt auf dem Plan. Wir haben alles nach Plan erledigt. Die Bohne vierundzwanzig Stunden in Wasser eingelegt und dann eingepflanzt. Aber nach vier Tagen ist die Spitze immer noch nicht rausgekommen. Das Heft kann aber jedenfalls teilweise nur erledigt werden, wenn die Pflanze da ist. Denn man soll die alle paar Tage abzeich-nen und vor allem messen. Na mal sehen, ob das was wird. Ich frage mich, ob tatsächlich alle Eltern bereit sind, bei so etwas mitzumachen. Eine Freundin vor mir sagte zu mir, dass sie nicht in den Baumarkt fährt um Erde zu kaufen und nicht mit macht. Vielleicht muss ich einfach cooler werden und die Schulsachen nicht über-bewerten. Was nicht fertig ist, ist eben nicht fertig. Ob tatsächlich noch andere Schüler wirklich alle Lernpläne mit allen Aufgaben fertig haben, so wie unser Sohn. Ich bezweifle das sehr stark. Mittlerweile sind zwei Wochen vergangen und nur bei zwei von sechzehn Kindern ist die Bohne gewachsen. Wir tragen die Bohne immer der Sonne hinterher und hoffen, dass sie doch noch keimt und eine Pflanze wächst. Aber ich bin ja froh, dass es nur ein Pflanzprojekt ist und nicht ein Haustierprojekt, von dem mir eine Freundin berichtete. Im Aufgabenplan der Freundin stand, dass wenn man kein Haustier hat, man eins von Freunden oder Verwandten nehmen soll, über das berichtet wird. Aber eigentlich gilt ja nach wie vor Kontaktverbot. Dann ist so eine Anregung auch mehr als hilfreich. Da man ja mit Homeoffice, Homeschooling und Haushalt nicht genug zu tun hat, kann man noch gut ein Video über ein fremdes Haustier drehen. Da kommt Freude auf, wenn man sich mit dem Programm beschäftigt, wie man ein Video, was einem zugeschickt wurde von einem Haustier eines Dritten mit eigenen Kommentaren des Kindes zusammenschneidet. Da will ich mich mal nicht beschweren mit dem Pflanzprojekt. Und die Lehrerin hat auch bis auf Erde alles mitgeliefert. Das ist schon klasse und bereitet vor allem den Kindern Freude.

Letzte Woche klingelte es auf einmal gegen 17.30 Uhr an der Haustür. Die Klassenlehrerin stand vor der Tür und brachte für jedes Kind einen Brief, weitere Kleinigkeiten und Süßigkeiten, die pro Farbe mit einer Stimmung beschrieben wurden. Zur Konzentration konnte man z.B. einen gelben Bonbon essen. Das nennt man Einsatz. Wir bräuchten sehr viel von der Farbe, die für gute Stimmung steht. Ich vermute, dass sie nach so langer Zeit sich mal unangekündigt überzeugen wollte, ob überall alles in Ordnung ist. Ich fühlte mich auch etwas merkwürdig wie ich da in Jogginghose vor ihr stand. Der Tag war bei uns der schlimmste seit der Krise überhaupt. Schreien, brüllen, heulen, alles dabei. Gut, dass sie nicht zwei Stunden eher gekommen ist. Da hätte sie mal sehen können, was wochenlanges Homeschooling bei unserem Sohn und mir für Aggressionen hervorruft. So spielten wir wieder ganz friedlich oben im Kinderzimmer Gesellschaftsspiele. Nach jedem Spiel wurden paar Sätze geschrieben, die vormittags wegen Theater nicht geschafft wurden.

Mai 2020

Die nächste Woche ist geschafft. Nur noch eine Woche. Dann sind Ferien. Und danach, man glaubt es kaum, wurde in Aussicht gestellt, dass jedes Kind wieder fünf bis sechs Stunden Unterricht in der Schule haben soll. Würden dann die Videokonferenzen wegfallen? Ich will es hoffen. Denn es vergeht keine Woche, in der nicht etwas Nerviges passiert. Diese Woche erzeugte unser Mikrofon nach ca. 40 Minuten ein Echo, das die ganze Konferenz gestört hat. Da unser Sohn zurzeit solche Dinge nicht so gut verkraftet, hat er dann erst einmal die Konferenz auf stumm gestellt. Nach der Konferenz wurde rumgebrüllt, dass er nie wieder an einer Konferenz teilnimmt. Das ist nun mal zurzeit die einzige Art des Unterrichts, sodass es für mich eine Verpflichtung ist, an der Konferenz teilzunehmen. Nun ja, abwarten und auf die nächste Konferenz warten. Denn diese kommt gewiss. Unser Sohn setzte sich auch um zehn Uhr vor den Laptop. Allerdings mit Mikrofon und Bild aus. Eine Freundin von ihm sagte der Lehrerin, dass unser Sohn heute stumm mit dabei ist. Denn es stand das Basteln des Muttertaggeschenks auf dem Plan. Unser Sohn hat nach Schilderung meines Mannes alles brav mitgebastelt. Es waren auch schon sehr viele Kinder öfter gar nicht dabei oder auf stumm und ohne Bild. Denn Launen hat in diesen Zeiten wohl jedes Kind ab und zu. Auch wenn manche Eltern das natürlich nie zugeben würden. Denn natürlich läuft da alles nach Plan und die Kinder sind nur lieb, erledigen ihre Aufgaben ohne zu meckern und beschäftigen sich dann den ganzen Tag selber. Fehlt nur noch, dass mir jemand erzählt, dass die Kinder sich das Mittagessen noch selber machen. Oder am besten für die ganze Familie gleich mit.

Ob man es glaubt oder nicht, die Bohne kam tatsächlich aus der Erde. Und wann? Genau an dem Tag, an dem unser Sohn sein Heft fertig gemacht hatte. Er hat eben gelernt, dass nicht aus jeder Bohne eine Pflanze wird und er wohl keine Glücksbohne hatte. Und siehe da, am Abend kam die Bohne raus und ist in 3 Tagen bereits 15 cm gewachsen. Was man bei so einem Projekt auch lernt, ist Geduld zu haben. Das fehlt den meisten Kindern, aber auch den meisten Erwachsenen.

Die nächste Woche war eine Horror-Woche. Nein, nicht wegen Homeoffice und Homeschooling, sondern weil unser Sohn von einem Schäferhund angegriffen und gebissen wurde. Es war der reinste Alptraum. In dem Moment und auch der Zeit danach, kommt einem Corona und alles was damit zusammenhängt sowas von unwichtig vor. Das Einzige was zählt ist die Gesundheit. Ist es wirklich so schlimm, wenn das Kind eine Seite oder mehrere Seiten der Hausaufgaben nicht macht? Für mich war es das die letzten acht Wochen. Bis zu dem Montagabend.

Wir haben eine Radtour gemacht und waren nach gut einer Stunde wieder auf dem Rückweg. Ich fuhr auf dem Bürgersteig und unser Sohn auf dem parallel verlaufenden Feldweg. Auf einmal hörte ich Hilferufe von ihm und bin total hektisch durch die Büsche gerannt und sah dann zwei Schäferhunde und die Besitzer und ahnte, was vorgefallen war. Die Jacke unseres Sohnes war nicht beschädigt, da dachte ich im ersten Moment, dass gar nicht viel passiert ist. Aber als er dann die Jacke auszog, wurde mir sofort übel. Es sah aus wie zwei Einschusslöcher. Ich habe die Besitzerin so angebrüllt. Ich weiß nicht, wie es passieren kann, dass ein Hund ein Kind auf dem Fahrrad anspringt, das an ihm vorbeifährt obwohl der Hund an der kurzen Leine war. Es war unsere zweite Krankenwagenfahrt mit Blaulicht. Gerade in Zeiten von Corona hat man panische Angst vor Krankenhäusern und Ärzten. Und jetzt sind wir regelmäßig vor Ort. Wegen meiner „Lieblingstiere". Ich bin glaube ich einer der größten Hundehasser, die es gibt. Schon als dreijährige wurde mir ein Brötchen von einem Hund aus der Hand gerissen. Dann wurde ich regelmäßig auf dem Schulweg von zwei großen Hunden angesprungen. Ich verstehe es nicht, warum Hundebesitzer es nicht checken, dass es Leute gibt, die Hunde nicht mögen. Dennoch ist es völlig normal, dass sie einen zur Begrüßung anspringen oder ablecken. Das machen doch Menschen auch nicht. Ich spucke auch niemanden zur Begrüßung an. Ich kann es nicht verstehen, dass Hundebesitzer denken, dass ihre Hunde alles dürfen und jeder sie lieben muss. Nein, es gibt sehr viele Leute, die erstens Angst vor Hunden haben und zweitens Hunde eklig finden. Warum kann man die Hunde nicht in den Griff bekommen. Das kann ja so schwer nicht sein sie zu beruhigen, wenn sie jemanden sehen. Ansonsten sollte man keinen Hund besitzen.

Und genau uns passiert im Lockdown dieses Horror-Erlebnis. Ich glaube, wir hatten eine Kompanie Schutzengel dabei, denn der Besitzer hat den Schäferhund wohl ziemlich schnell weggezogen. Für zwei Wunden mit ca. 2 cm Durchmesser hat es aber dennoch gereicht. Die Knochen waren zum Glück nicht betroffen. Wie gut, dass jetzt sowieso eine Woche Ferien vor der Tür steht und danach jedenfalls an einem Tag die Woche, die Schule wieder losgeht. Und Fußballtraining. Das hat unser Sohn jedenfalls als Anreiz genommen um bis dahin wieder top fit zu sein. Die im Krankenhaus meinten, dass die Heilung zwischen sieben und zehn Tagen dauert. Als ich die Wunde nach vier Tagen beim Arzt gesehen habe, musste ich mich auf die Liege legen, weil mir schwarz vor Augen wurde. Ich kann kein Blut sehen. Aber direkt nach dem Vorfall zeigt einem der Muttertierinstinkt, dass man funktionieren muss. Egal ob einem übel ist oder man die Wunde nicht sehen kann, vor dem Kind ist Starksein angesagt. Schließlich muss ich ihn stützen und für ihn da sein. Aber am nächsten Morgen musste ich erst einmal zwei Stunden weinen. Und unter der Dusche und auf dem Weg zum Einkaufen auch. Denn zu Hause muss man stark sein. Man hat in Zeiten von Corona kaum eine

Minute für sich allein. Es sind einfach immer alle da. Und wenn das Kind eine Eule ist und abends nicht vor 22.00 Uhr ins Bett geht, dann bleibt nicht viel Zeit für sich. Die Zeit ist aber dringend nötig, damit man auch mal entspannen kann. Da kommt es gerade richtig, dass Sylt ab Montag den Tourismus eröffnet. Wir haben eine Wohnung gebucht. Wenn die Ärztin bei der nächsten Kontrolle das ok gibt, dann geht es ab nach Sylt. Meeresrauschen und die Salzwasserlust. Einfach aus dem Strandkorb auf das Meer gucken. Das ist ein Traum. Es tut so unglaublich gut. Wasser entspannt uns alle. Und das ist mehr als nötig. Denn auch die Zeit bis zu den Sommerferien und die Sommerferien selber werden kein Zuckerschlecken, denn vermutlich fallen alle Camps aus, die wir gebucht haben.

Gestern klingelte es an der Tür und die Hundebesitzer standen davor. Ich dachte erst, dass es die Zeugen Jehovas sind. Aber dann erkannte ich sie wieder. Sie wollten sich erkundigen, wie es unserem Sohn geht und hatten für uns eine Flasche Wein und für ihn zahlreiche Geschenke wie u.a. eine 20er Karte für den Eisladen an der Ecke dabei. Taschenlampen, Ü-Eier, ein Cap und Lollis. Das war natürlich toll. Während der Woche gab es schon per Post eine CD der Teufelskicker und ein Fußball-Quiz von Freunden, die überraschend vor der Tür standen. Für unseren Sohn hatte der Unfall daher jedenfalls in den Momenten auch gute Seiten. Er bekam Geschenke, Überraschungsbesuche und musste nichts für die Schule machen, weil der rechte Arm betroffen war und er nicht schreiben konnte. Aber er hatte ja auch fast alles fertig. Und fernsehen durfte er natürlich auch etwas mehr. Aber im Gegenzug musste er Antibiotika nehmen, zum Arzt fahren, Pflaster und Verband wechseln und den Arm stillhalten, so gut es geht. Aber immerhin gab es für ihn im Kopf auch positives, denn alles was hilft, die Sache zu verarbeiten oder sich gut oder besser zu fühlen, ist super. Und ob man es glaubt oder nicht, er hat das Antibiotikum eingenommen ohne Theater zu machen. Einige Dinge werden, wenn sie älter werden einfach doch besser. Das sollte allen Hoffnung geben, die zurzeit noch die Probleme haben, die wir früher auch hatten. Etwas Panik hatte ich schon, ob er es nehmen wird.

Jetzt müssen die Wunden und die Seele heilen. Es ist besonders hilfreich, wenn Hobby-Ärzte aus dem Freundeskreis Tipps geben, die einen nur aufregen. Wir müssen nicht einen Tag nach dem Ereignis darüber reden, ob wir eine Therapie machen müssen, weil unser Sohn jetzt Panik vor Hunden hat. Wir wissen es noch nicht. Und ja, wir werden es sicher beobachten und rechtzeitig eine beginnen. Aber jetzt ist es uns gerade erst einmal wichtig, dass es ihm gut geht und er gerne weiter draußen spielt und dass die Wunden heilen. Es ist besonders hilfreich, wenn Leute fragen, ob man gegen Tollwut etwas tun muss oder dass es schon mal gut ist, dass die Wunde gut aussah und nicht wässert, denn davon könne man Fieber bekommen, wenn sich das entzündet. Ja schön, und? Hilft einem sowas weiter in einer Situation, in der man einfach nur fertig ist und hofft, dass alles gut heilt? Nein, das sind sicher nett gemeinte Ratschläge. Aber vielleicht hätte dann die ein oder andere Person einfach Medizin studieren sollen. Denn dann würde ich auf derartige Tipps vielleicht eher hören. Wir sind in ärztlicher Behandlung mit der Wunde. Den Rest sehen wir weiter. Hobbypsychologen mochte ich noch nie. Aber es ist einfach immer schön zu sehen, dass so viele Leute Dinge besser wissen als man selber. Die Ohren muss man dann auf Durchzug schalten. Ansonsten wird man verrückt.

Ortswechsel während Corona. Ein echtes Highlight. Auf einmal kam die Nachricht, dass Sylt seine Tore tatsächlich öffnet, genau in der Ferienwoche. Abstand halten ist auch dort möglich. Gerade wenn schon im Sommer nicht viel los ist, wo man seit Jahren hinfährt. Es ist mittlerweile wie nach Hause kommen. Und vor allem, wenn der beste Freund von unserem Sohn da ist und die zwei den ganzen Tag am Strand spielen und man selber seine Ruhe hat. Gerade in Zeiten von Corona ist die Zeit für

sich selber fast auf Null geschrumpft. Da sind stunden-
lange Strandspaziergänge ganz alleine genau das richtige. Aber natürlich ist auch hier nicht auf einmal alles
total entspannt. Vieles, aber bei weitem nicht alles. Vorhin war ich am Strand spazieren und habe die Jungs ge-
sucht. Als ich sie wiedergesehen habe, erzählten sie mir,
dass sie jeder eine geschlossene Miesmuschel aufgemacht und gegessen hätten. Innerlich bin ich fast durch-
gedreht. Außer Hunden, die teilweise frei am Strand
herumlaufen, gibt es keine Gefahren, dachte ich. Dass
man auf die Idee kommt und rohe Muscheln isst, war
mir nicht in den Kopf gekommen. Bei näherem Nachfragen kam heraus, dass wohl doch nur ein Ministück gegessen wurde. Aber ich sah uns schon in der nächsten
Klinik wegen Fischvergiftung. Mein Stresspegel ging von
0 auf 100. Laut einer Google Recherche merkt man die
Anzeichen sehr schnell. Jetzt sind schon über fünf Stunden um. Kann ich schon durchatmen? Ich bin gestresst.
Und genau jetzt regnet es auch noch. Bisher waren drei
Tage nur Sonne und morgen soll sie wieder scheinen.
Aber gestresst in einer kleinen Wohnung und der eigene
Sohn, der beim Spielen nicht verlieren kann. Das ist an-
strengend. Es gibt eigentlich genug Alternativen auf Sylt
bei schlechtem Wetter. Aber nicht in Zeiten von Corona.

Was hätten wir ohne die Woche frei gemacht? Wir waren alle quasi neue Menschen. Ich mag es mir nicht vorstellen, wie hier die Fetzen geflogen wären, wenn wir noch eine weitere Woche alle aufeinander gehockt hätten. Und macht man sich nichts vor. Die Routine und die schlechten Angewohnheiten und Streitereien gehen auch wieder los. Aber man hatte eine Woche Abstand, Zeit für sich. Unser Sohn hatte wieder seine gewohnten 30.000 Schritte am Tag auf der Uhr und nicht die Hälfte oder weniger. Aber jeder schöne Urlaub geht auch leider zu Ende. Und das schneller als einem lieb ist.

Aber nach den Ferien beginnt die Schule und alles wird besser. So sind wir in den Urlaub gefahren und haben das geglaubt. Dass das ein Irrglaube war, habe ich schon befürchtet. Aber sicher wusste ich es natürlich nicht. Und ich soll nicht immer so negativ sein. Das sagen meine Mutter und mein Mann mir ständig. Und sie haben vermutlich auch recht. Aber mir bekommt es besser, wenn Dinge am Ende besser laufen als gedacht und nicht andersherum. Es ist eine Art Selbstschutz vor der Enttäuschung.

Tag eins des Alltags nach den Ferien ging los. Es war Montag und es gab überraschenderweise noch keinen neuen Lernplan der Lehrerin, obwohl nur die Hälfte der

Klasse Montag startete und die andere Hälfte Dienstag. Aber das heißt nicht, dass man Montag frei hat, wenn noch offene „to do`s" da sind. „Also auf in den Kampf", dachte ich. Nein, Du bist nicht der Einzige, der heute was arbeiten muss. Und nur Fernsehen gucken geht ja auch nicht. Aber nach einer Stunde arbeiten war dann auch gut. Es geht auch mehr ums Prinzip und darum die Autorität zu behalten. Und den Tag zu füllen, wenn man selber arbeiten muss. Das ist eine Challenge, vor der wir und alle anderen auch jeden Tag aufs Neue standen. Montagabend haben wir zusammen den Ranzen gepackt. Es fühlte sich irgendwie an, als ob man für einen Urlaub packt. Alle Materialien mussten mit. Diese passten gar nicht in den Ranzen, sodass noch ein weiterer Rucksack randvoll gepackt wurde. Dann eine Pausenbeschäftigung für sich alleine. Schnell ein Fußball in den Turnbeutel getan. Nächste Tasche. Dann zwei Masken in Zipper Beutel geschmissen und ein Zettel ausgefüllt und unterschrieben, mit dem man den Lehrern versichert, dass sein Kind sofort abgeholt werden darf, wenn es sich nicht an die Abstandsregeln hält. Alles klar. Wollen die Lehrer nach fünfzehn Minuten schon wieder nach Hause oder wie stellen die sich das vor? Kinder die sich alle zwölf Wochen nicht mehr gesehen haben, sollen jetzt in zwei Meter Abstand sich aufstellen und in den Pausen mit ihren mitgebrachten Dingen alleine spielen? Ich war ehrlich gesagt innerlich beruhigt als die erste Stunde rum war, ohne dass das Telefon klingelte. Jetzt hatte ich seit ewigen Wochen mal fünf Stunden Ruhe und konnte arbeiten und dann machte ich mir schon wieder Gedanken, ob das wohl klappt mit dem Mindestabstand. Immerhin hatte eine Mama von einem Jungen aus der Montagsgruppe geschrieben, dass die Kinder in der Pause zusammen Fußball gespielt haben.

Für mich schien der Tag gerettet zu sein. Bis ich mittags den Ranzen öffnete und sah, dass es einen Lernplan für die nächsten viereinhalb Wochen gab. Ich hatte mir so sehr gewünscht, dass es jetzt einen Wochenplan gibt, wo die Kinder genau an den vier verbleibenden Tagen das erledigen können, was vorgegeben ist. Das hätte die Situation ein wenig erleichtert. Obwohl das alte Schreibschriftheft noch nicht fertig war, gab es ein neues mit zwanzig Geschichten. Ich dachte, ich bekomm die Krise. Jeden Tag eine solche Geschichte nachspuren, abschreiben, Fragen beantworten und die Geschichte weiterschreiben. Und zu allem Überfluss auch noch zu allen Sätzen ein passendes Bild malen. Das riecht nach Ärger!!! Gerade nach neun Wochen Homeschooling hatte ich mir so einen klaren Plan und Vorgaben für alle Beteiligten gewünscht. Aber nun war es wie es ist. Gestern an Pfingsten saß ich mit seinem Kuscheltier in der Hand da und habe mir die Seiten kopiert und es gab eine Challenge. Wer die Seiten zuerst fertig hat. Der Gewinner durfte bestimmen, gegen wen er eine Partie Fifa 20 auf der Playstation spielt. Das darf man eigentlich niemandem erzählen. Aber was macht man nach den ganzen Wochen nicht so alles, damit die Aufgaben erledigt werden und man frei hat und weniger Ärger. Am Wochenende ist grundsätzlich frei. Aber da er nächste Woche Geburtstag hat und an dem Tag und am nächsten frei machen will, weil sein bester Freund zum Übernachten zu Besuch kommt, ist Vorarbeiten angesagt. Denn er muss lernen, dass man nicht einfach frei machen kann, ohne seine Dinge zu erledigen. Wenn er Schule gehabt hätte, wäre das auch nicht gegangen.

Ich lese überall, dass Akademiker-Eltern zu hohe Ansprüche an die Kinder stellen und einfach mal Fünfe gerade sein lassen sollen. Aber wie soll man das machen? Soll man dem Kind erlauben wirklich gar nichts mehr zu machen. Glaubt man ernsthaft, dass er dann nach paar Tagen schon von alleine wieder anfängt, die Dinge zu erledigen? Nein, das kann man von Kindern im Grundschulalter nicht erwarten. Denn natürlich spielen sie lieber draußen oder im Zimmer mit den Spielsachen oder mit ihren Freunden als Schulaufgaben zu erledigen. Das ist auch normal. Daher heißt es, am Ball zu bleiben und nicht die Nerven zu verlieren.

Die Nerven habe ich schon oft genug verloren. Wie oft habe ich während Corona unter der Dusche oder im Auto geweint. Weil es einfach eine schlimme Zeit ist, die hoffentlich ganz schnell vorübergeht. Alles Schöne fällt aus. Es gibt wenig Highlights. Außer dass das Wetter oft schön ist. Klar, jeden Tag kann man sich sagen: „Hey, wir sind gesund." Aber das wird leider als selbstverständlich hingenommen und ich rege mich über die Dinge auf, die mich gerade betreffen.

Juni 2020

Letzte Woche begann das Fußballtraining wieder. Fußball ist das Leben unseres Sohnes. Aber nach dem Training sagte er zu mir, dass er da nicht mehr hinmöchte, weil es so langweilig war. Wenn jedes Kind in seinem eigenen Quadrat steht und vier Kinder um einen Trainer versammelt sind und jeder in seinem Quadrat kreist und läuft und dann auch noch Mama Übungen mit ihm machen soll, obwohl Mama gar nicht gut Fußball spielen kann. Dann ist das eine Katastrophe. Und nicht die nötige Stunde Ruhe für mich wie sonst. Denn die Kinder rennen nicht so viel wie sonst und interagieren nicht mit den anderen. Die Tick-Spiele zu Beginn fallen weg und natürlich auch das Abschlussspiel, also das Highlight eines jeden Trainings. Die Kinder wollen sich messen und gewinnen und vor allem auch rennen. Nächste Woche geht Papa mit zum Training, bevor er zu seinem Lieblingssport gar nicht mehr hin geht. Tag um Tag muss man erfinderisch werden, was man machen kann um die Stimmung oben zu halten. Heute waren die Männer auf dem Bolzplatz mit einem Freund und dessen Vater verabredet. Ich war so froh, als ich die Tür hinter ihnen zugemacht habe. Ist es nicht furchtbar solche Gedanken zu haben, dass man froh ist, wenn das Kind verabredet ist und man es mal nicht sehen muss? Ich mag das Gefühl überhaupt nicht. Aber ich kann nicht abstreiten, dass ich es noch nie so doll hatte wie während der Corona Zeit. Nicht die ersten Wochen. Aber dieses aufeinander hocken, vierundzwanzig Stunden non Stopp. Das kann nicht gesund sein und man hält es irgendwann nicht mehr aus. Ich weiß gar nicht, wie ich das beschreiben soll. Aber ich verspüre regelmäßig das Gefühl von innen heraus zu platzen vor Wut und Anspannung. Dann ist es höchste Zeit für „Time to relax" oder „Time-Out". Dann muss ich alleine sein, damit ich nicht völlig ausraste, was leider auch immer wieder vorkommt. Aber schreien bringt einen nicht einen Millimeter vorwärts. Das weiß ich zwar, aber es dann nicht zu tun, fällt dennoch verdammt schwer. Es ist eben nicht die eine Situation, die ich mal eben kurz weg atmen kann. Nein, es hat sich über Jahre aufgebaut. Jeder hat andere Themen mit seinen Kindern. Jedes Kind weiß genau, welche Knöpfe es drücken muss, um die Eltern zur Weißglut zu bringen.

Und wenn sich das dann ballt mit Homeoffice, Home-schooling, der Angst, sich mit einer schlimmen Krankheit anzustecken, einem Hundebiss usw. Die Liste könnte ich gefühlt endlos weiterführen. Dann liegen die Nerven blank.

Und jetzt merke ich, dass der sonstige Alltag zwar auch stressig ist mit Arbeiten, Terminen, Verabredungen, Haushalt, Organisation usw. Aber ich habe alles im Griff und vor allem mehr Zeit alleine. Wenn unser Sohn beim Fußball war, dann hatte ich frei. Jedenfalls zwei Mal die Woche. Bei sonstigen Hobbys und Verabredungen und Kinder-Geburtstagen ebenfalls. Und er war allein drei Mal die Woche bis 15.00 Uhr in der Schule und hat aus-reichend Bewegung bekommen. Jetzt fand alles zu Hause statt. Das kann niemand kompensieren.

Aber wann endet das wirklich? Jetzt rede ich mir ein, dass wir noch dreieinhalb Wochen bis zu den Sommer-ferien aushalten müssen. Aber wie sollen die Ferien überbrückt werden, wenn alle gebuchten Camps ausfal-len? Bei dem Gedanken bin ich ratlos. Ich habe nicht sechs Wochen Ferien. Fahren viele Leute ins Ausland und bricht eine zweite Welle los? Paar Wochen nach-dem die Schule gerade wieder losgegangen ist? Das wäre der absolute super Gau. Und was ist im Herbst?

Hat man das bis dahin im Griff? Ich habe wirklich Angst vor den Antworten zu diesen Fragen. Aber es nützt nichts. Jetzt muss man von Tag zu Tag die Wochen hinter sich bringen. Mir graut morgen vor meinem ersten langen Arbeitstag. Wenigstens kommt meine Mutter ab morgen wieder einmal die Woche und unterstützt uns. Jeder Schritt zur Normalität hilft hoffentlich weiter. Schule, dann holt Oma ihn ab. Sie hat vorher Essen gemacht und ich kann in Ruhe arbeiten.

Es ist Sonntag und wieder sind zwei Wochen vorbei. Nur noch eineinhalb Wochen bis zu den Sommerferien. Und das Fußball-Camp findet sogar statt. Wenn auch nur von 9.30 bis 12.00 Uhr. Aber immerhin. Jede Stunde zählt und meistens folgt nach jedem Camp Tag eine Verabredung. Wenn man sich das aufteilt, habe ich bestenfalls zwei bis drei Tage meine Ruhe.

Wie waren die Wochen? Durchwachsen würde ich sagen. Ich war meinen ersten Tag wieder im Büro und kam mir vor wie eine Außerirdische. Ich wurde von meinen Kollegen mit „neuer Kollegin" begrüßt. Ja, ich war über drei Monate nicht mehr dort. Während der gesamten Zeit hatte ein anderer in meinem Büro gesessen. Schon der Gedanke daran machte mich zu Hause verrückt.

Meine ganze Ordnung im Büro war wahrscheinlich dahin. Als ich ins Zimmer kam, musste ich feststellen, dass sich einiges getan hatte. Die erste halbe Stunde verbrachte ich dementsprechend damit das Büro wieder zu meinem Büro zu machen. Wieso klebt jemand Anderes Sachen an meine Wände. Das passte mir gar nicht. Es wird dringend Zeit, dass ich öfter ins Büro gehe. Da meine Mutter wieder zwei Tage die Woche kommt, klappt das auch. Denn es kann ja nicht sein, dass jemand anderes das Büro zu seinem umfunktioniert. Drin arbeiten, wenn ich nicht da bin. Ok, da werde ich nichts machen können. Aber bitte nicht umgestalten und verdrecken lassen. Die Leute, die mich kennen, wissen wie pingelig ich bin. Es werden Sachen teilweise einen Zentimeter nach links gestellt um wieder richtig zu stehen. Da hatte ich im Büro erst mal was zu tun... Aber es war so herrlich im Büro. Niemand der einen nervt. Ich genoss einfach meine Ruhe und dass ich niemandem bei den Hausaufgaben helfen oder insbesondere antreiben musste. Es fühlte sich gut an. Nachdem ich die letzten Wochen schon paar Mal vor lauter Verzweiflung über eine Kündigung nachgedacht hatte, merkte ich, dass mir der Job sehr viel Spaß macht. Aber eben nicht komplett von zu Hause mit parallel unmotiviertem Kind nach vierzehn Wochen im Homeschooling. Ich war richtig happy.

Aber ich wusste am nächsten Tag ging es wieder los mit Homeoffice und Homeschooling. Die Vorfreude war groß. Was soll man machen, wenn das Kind sich auf das Bett wirft und schreit, dass es verrückt wird von Corona und lieber sechs Stunden mit Maske in der Schule sitzen würde als zu Hause zu arbeiten. Wie soll ich noch nach 14 Wochen Motivation erzeugen? Ich kann es ja verstehen, dass unser Sohn keine Lust mehr hat auf die Sachen. Ich habe mittlerweile ja selber schon einen „riesen Hals" was die Schulsachen betrifft. Und wenn man dann erfährt, dass die Zeugnisse sowieso nach dem ersten Halbjahr gemacht werden und den ersten vier Wochen des zweiten Halbjahrs, dann frage ich mich schon, warum man den Ärger in Kauf genommen hat und den Sohn zur Erledigung aller Aufgaben angetrieben hat. Wofür? Ach ja, damit er fürs Leben lernt. Aber das hätte vielleicht auch mit weniger Aufgaben und Stress geklappt. Ich hätte einfach cooler sein sollen und einige Aufgaben wegstreichen sollen. So will ich unsere Familie nur noch in die Ferien retten, damit wenigstens die Schulaufgaben aufhören und der damit verbundene Ärger. Muss es wirklich sein, dass die Kinder drei Stunden netto jeden Tag arbeiten müssen zu Hause? Und das nach über drei Monaten? Ich bin mir da mittlerweile nicht mehr so sicher. Aber leider bin ich auch nicht cool genug um zu sagen, nein, die Aufgaben machen wir nicht. Denn muss wirklich jeden Tag eine Aktionskarte erledigt werden, wo zum Beispiel mit Haushaltsgegenständen experimentiert werden soll. Oder etwas backen, Buchstaben im Haus finden etc. Wir haben keine Langeweile während Corona. Denn wir arbeiten beide und unser Sohn ist ausgelastet mit den anderen Schulaufgaben. Nachmittags wollen wir uns draußen bewegen oder er hat Fußball oder trifft sich mit Freunden.

Die Lehrerin hat sich so viel Mühe gemacht. Ich bin nicht sicher, ob wirklich auch nur ein einziger aus der Klasse die Aufgaben erledigt. Es kann nicht Sinn der Sache sein, durch solche Aufgaben Stress zu haben, wenn das Kind ebenfalls keine Lust auf so etwas hat. Denn wir beschäftigen uns auch so genug mit ihm. Weder er noch wir brauchen zusätzliche Aufgaben. Und ja, es ist ein riesen Unterschied ob er mir so in der Küche hilft oder einen Kuchen backt oder ob das aus Zwang passiert. Ich bin mir sicher, dass einige Eltern da auch nicht mitmachen und die Kinder die Aufgaben nicht erledigen. Denn wer möchte schon gerne ein ganzes Schulbuch erstellen für die Geschwister oder Kuscheltiere. Wer bitteschön hat dafür Zeit?

Wir pfeifen alle aus dem letzten Loch. Ich bin über jede Stunde froh, wo es kein Theater gibt. Es muss wieder normal werden. Nach den Ferien sollen die Schulen wieder normal öffnen, auch mit Nachmittagsbetreuung. Das wäre so wichtig. Aber ich habe noch etwas Angst, ob das wirklich so ist. Denn jetzt kommen die Ferien und viele Leute fahren weg. In dem Moment, wenn die Reisewarnungen aufgehoben sind, ist auch das Geld weg, wenn man nicht fährt. Ich bin froh, dass wir wieder nach Sylt fahren. Da haben wir unsere gemietete Ferienwohnung und damit unsere Ruhe. Und wir brauchen keine Angst zu haben in einem Hotel in Quarantäne festgehalten zu werden. Denn das braucht kein Mensch.

Wie kann man sich so leer und ausgelaugt fühlen? Die letzten Monate haben so viel Kraft gekostet. Ich fühle mich teilweise am Ende mit den Nerven und meinen Kräften. Aber wann habe ich Zeit den Akku aufzuladen? In der Woche finde ich so gut wie keine fünf Minuten für mich. Denn durch die fehlenden durchstrukturierten und anstrengenden Tage ist unser Sohn oft bis 22.00 Uhr wach. Und dann schlafe ich teilweise vor ihm ein, da ich teilweise Schlafstörungen habe und schon zwischen vier und fünf aufwache, um mich dann schon an den Schreibtisch zu setzen. Dann habe ich oft schon zwei bis drei Stunden gearbeitet, bevor der Rest der Familie aufwacht. Denn Homeschooling muss betreut werden. Ich habe noch mehrere Schreibschriftgeschichten mit

Emma mitgeschrieben. Nur damit die Dinge fertig werden und er Übung bekommt. Mittlerweile macht ihm das sogar Spaß und mir auch. Immerhin etwas. Es erinnert mich selber an die Grundschulzeit, die ich sehr gerne mochte. Ich habe viele gute Erinnerungen an die Zeit. Aber wenn man nebenbei arbeiten muss, macht das dann nicht so viel Spaß, weil man die Zeit ja später nachholen muss. Es gibt sicher viele Leute, die Homeoffice ausnutzen, um sich einen Lenz zu machen. Dazu gehöre ich aber nicht. Und das macht es furchtbar anstrengend.

Am Freitagabend habe ich mich zum ersten Mal wieder persönlich mit Freundinnen getroffen, statt unserer Videokonferenz gab es jetzt einen Aperol Spritz auf der Terrasse der einen Freundin. Ich war so froh hier raus zu kommen und wegzufahren abends. Wie früher auch. Ein wenig vom alten Leben wiederzukommen tut unendlich gut. Und vor allem zu hören, dass es überall das gleiche ist. Ich habe sogar eine Geschichte mitgenommen, über die ich jetzt regelmäßig lachen muss, wenn wir Kartoffeln essen. Denn bei der einen Freundin gab es wegen Kochen so ein Theater zu Hause, dass der Mann meiner Freundin irgendwann die Kartoffeln auf den Boden geschmissen hat und meine Freundin anfing den Mann vor Wut mit Kartoffeln zu beschmeißen. Wir haben so gelacht, allein die Vorstellung lässt mich schon wieder schmunzeln. Solche Situationen zeigen einfach nur wie am Limit alle Eltern mit Kindern sind. Jeder braucht Ventile. Und diese gibt es leider zurzeit nicht so oft, sodass meistens der eigene Partner dran glauben muss, weil er eben auch zu Hause ist. Ich denke immer, wenn man noch darüber lachen kann, ist alles gut. Wir haben Tränen gelacht, nachdem jeder seine Geschichten zum Besten gegeben hat. Ach so ein Mädels Abend tut so unglaublich gut. Vor allem wenn man wirklich ehrlich reden kann. Das ist so wichtig, damit man nicht tatsächlich verrückt wird.

Heute Mittag ist es hier schon wieder eskaliert. Am Ende des Tages wegen eines fehlenden Satzes bei den Schulaufgaben. Warum kann ich dann nicht einfach mal fünfe gerade sein lassen? Wahrscheinlich hätte er den Satz heute Abend oder morgen völlig unproblematisch aufgeschrieben. Nein, aber es sollte heute fertig werden. Im Nachhinein ärgere ich mich oft über solche Situationen. Ich frage mich, ob man nicht gelassener hätte reagieren können um eine Eskalation zu vermeiden. Aber manchmal glaube ich, dass dieser Stunk gewollt ist mindestens einmal am Tag. Als Einzelkind hat man niemandem mit dem man sich täglich zu Hause auseinandersetzen muss. Daher müssen die Eltern natürlich mehr dran glauben. Und ja, ich bin auch selber sehr unzufrieden mit der Gesamtsituation seit Corona. Warum sollte es den Kindern anders gehen? Er versteht nicht, dass ich arbeiten muss und keine Zeit habe. Er sieht nur den Berg an Aufgaben und Eltern, die ihn nerven, dass Dinge erledigt werden müssen.

Ich kann es verstehen, wenn er sich ins Bett schmeißt und schreit, dass Corona ihn verrückt macht. Mir geht es ja nicht anders. Und ich finde es schlimm das zu sehen. Denn ich fühle mich oft genauso. Ich könnte auch schreien und will nur, dass alles wieder so ist wie vor Corona. Ich habe selber auch schon gebrüllt, dass Corona alles kaputt macht und ich mein altes Leben zurück möchte. Den Stress würde ich jetzt liebend gerne in Kauf nehmen und von einem Termin zum nächsten hetzen oder von einer Verabredung zur nächsten. Denn der Stress, den wir und auch alle anderen hatten, war bzw. ist so unglaublich. Das hätte ich mir nicht träumen lassen, dass sich das Leben von 100 auf 0 verändert. Ich habe oft den Gedanken hier einfach nur wegzuwollen. Ich brauche meine Ruhe und möchte einfach allein sein und mir was Schönes gönnen. Aber wo soll ich hin? Es ist nicht möglich einen Wellness-Tag zu machen. Wir haben jetzt eine eigene Sauna. Das ist auch super klasse. Aber wenn wir zu dritt drin liegen, dann tut es zwar gut, aber ich entspanne nicht total, wenn es dann heißt: „Klassische Musik entspannt aber nicht. Ich würde lieber eine Fußball CD hören".

Wie soll ein 8-jähriger auch verstehen, dass man in der Sauna runter tackten möchte und sich fallen lassen und entspannen will. Es fehlt einfach die Zeit für sich. Und der Abstand zur Kernfamilie, den man sonst bei der Arbeit hat und wenn das Kind in der Schule ist. Dann freut man sich wieder aufeinander und hat sich was zu erzählen. So bin ich in seinen Augen zur größten Nervensäge aller Zeiten mutiert. Das ist natürlich sehr frech so etwas zu sagen. Aber ein wenig kann ich ihn ja verstehen. Permanent muss ich ihm sagen was er zu tun und zu lassen hat. Wenn er sonst bis 15.00 Uhr in der Schule ist, hat er sich schon ausgepowert und andere haben ihm gesagt, was er machen soll. Doch so müssen die Eltern das derzeit neben dem eigenen Job übernehmen. Und je nach Kind, kann das verdammt anstrengend sein. Es gibt auch „Schoßhündchen", die ohne zu zucken alles tun, was Mama und Papa sagen. Das ist in Corona Zeiten sicher ein Traum. Aber ich denke für das spätere Leben ist es auch nicht nur hilfreich ein Mitläufer zu sein, der immer nur macht, was andere von ihm verlangen. Aber zurzeit wünschte ich mir teilweise solche Eigenschaften bei unserem Sohn. Immer Argumente dagegen zu hören oder Deals angeboten zu bekommen, macht mich richtig mürbe. Vor allem wenn diese so aussehen, entweder gehe ich zur Logopädin oder ich mache weiter meine Hausaufgaben. Aber nur eins von beiden. Nein, denn ich habe hier das sagen und du machst beides weiterhin.

Vielleicht argumentieren Juristen zu viel und unser Sohn hat das auch schon übernommen. Dann soll er besser Fußballprofi werden, denn einen dritten Juristen brauchen wir beim besten Willen nicht in unserer kleinen Familie.

Ich kann es nicht mehr abwarten, wenn morgen in einer Woche Ferien sind. Ich hoffe, dass ich mir nicht zu viel davon verspreche. Denn ich muss weiterhin arbeiten. Aber dann fällt wenigstens das Antreiben mit den Schulsachen weg. Es müssen klare Fernsehregeln aufgestellt werden, damit nicht permanent die Frage nach dem Glotzen oder Daddeln kommt. Aber das überlege ich dann nächste Woche. Dafür habe ich noch keine Kapazität. Erst mal die Woche schaffen. Das wird hart genug.

Die Woche ist geschafft. Es ist Sonntag. Noch ein Tag, dann gibt es Zeugnisse. Juhu! Homeschooling geschafft. Denn unser Sohn hat gestern seine letzten Dinge fertig gemacht, um Montag frei zu haben und mit Oma zu spielen. Ich werde drei Tage ins Büro gehen. Das fühlt sich an wie Urlaub von zu Hause. Drei Tage hintereinander. Das hatte ich seit Ende Februar nicht mehr. Und es wird bis zu unserem Urlaub so bleiben. Es wird mir so guttun und der Familie auch.

Was war das rückblickend für eine Qual. Ich hätte es auch keine Woche länger ausgehalten mit Arbeiten und nebenher die Schulsachen betreuen. Die Lehrerin hat laut unserem Sohn gesagt, dass es nicht schlimm sei, wenn die Lernpläne nicht fertig seien. Das wäre sowieso viel zu viel gewesen. Aber wenn sie weniger gegeben hätte, dann würden die Kinder zu wenig machen. Daher hat sie so umfangreiche Pläne gegeben. Gut das jetzt am letzten Tag zu erfahren. Denn hier gab es so viel Theater um die Schulsachen. Und da alles Pflichtaufgaben waren, war es klar für mich, dass unser Sohn sie auch alle machen muss. Vielleicht hätte ich mal nachfragen sollen. Ich glaube, dass hätte in vielen Familien weniger Ärger bedeutet. Aber gut. Jetzt muss man einfach beten, dass es nach den Ferien normal weitergeht und das Kapitel Homeschooling ein für alle Mal vom Tisch ist. Aber sicher kann man da nicht sein. Was ist, wenn viele Corona aus dem Urlaub mitbringen? Und dann der nächste Lockdown kommt? Nein, solche Gedanken verbiete ich mir aktuell. Erst einmal sind jetzt sechs Wochen Ferien ab Mittwoch. Das muss man erst mal genießen, um Kraft zu tanken und seine Akkus wieder zu füllen.

Letzte Woche hat mein Arbeitgeber entschieden, dass Homeoffice vorbei ist. Ab Montag, also morgen, wird zur Realität zurückgekehrt. Ach so? Wie stellt er sich das vor? Nur weil Ferien sind, hat sich die Betreuungssituation ja nicht verbessert. Vielmehr fallen zum Beispiel die meisten Camps aus. Auch das Fußballcamp für die letzten drei Tage der Ferien fällt aus. Und das HSV-Camp findet zwar statt, aber nur zweieinhalb Stunden statt sechs Stunden. Mittags um 12.00 Uhr ist Abholung. Besser als nichts. Aber für die arbeitende Bevölkerung natürlich schwierig. Ich werde wieder sehr früh anfangen, damit ich bis 11.30 Uhr schon den Großteil meiner sechs Stunden absolviert habe. Jetzt musste ich beim Chef einen Antrag stellen und ihm genau aufschlüsseln, wie ich meine Anwesenheit im Büro plane. Nach knapp einer Woche rief er mich an, um mitzuteilen, dass er meinem Wunsch entspricht. Aber er betonte auch, dass das keine Dauerlösung sein könne. Ach nee! Aber wie soll man das machen? Sollte ein zweiter Lockdown kommen, steht für mich eins fest: Ich werde mir das nicht ein zweites Mal geben mit Arbeiten und Homeschooling. Dann werde ich zur Not einige Monate pausieren mit der Arbeit. Für die Familie und vor allem den Familienfrieden würde ich das kein zweites Mal machen. Oder nur drei bis vier Stunden am Tag, um nicht komplett raus zu sein. Aber in keinem Fall wieder dreißig Stunden.

Ich finde es extrem befremdlich jetzt kurz vor den Sommerferien so eine Ansage zu machen, dass jetzt wieder Präsenzpflicht herrscht. Denn die Arbeitnehmer haben sich die Lage ja ebenfalls nicht ausgesucht. Eine Kollegin von mir fährt extra mit ihren zwei Kindern zu den Großeltern, um von dort Homeoffice zu machen. Der Spruch unseres Chefs dazu hat mich richtig wütend gestimmt. Er sagte, natürlich nicht zu meiner Kollegin selber, sondern zu einem Kollegen, dass er von Homeoffice mit Kindern nichts halte. Ach was? So eine Aussage empfinde ich als absolute Frechheit. Denn ja, man ist vielleicht nicht genauso effektiv wie im Büro, aber die Familien und Kinder waren die absoluten Verlierer dieser Krise und wie kann es sein, dass in einem großen Unternehmen so eine Aussage getätigt wird. Wir Mütter könnten uns auch alle, jedenfalls die meisten denke ich, wegen Stress durch die Krise krankschreiben lassen. Aber nein, wir sind immer am Start und erledigen die Arbeit. Unsere Gesellschaft wird sich nie ändern. Frauen sind immer im Nachteil, ob bei der Vergabe von Positionen oder auch in Sachen Gehalt. Das Rollenbild wird immer das gleiche bleiben. Egal in welchem Jahrhundert wir leben. Oder warum waren es die Frauen, die jetzt alles gewuppt haben mit Homeoffice und Homeschooling? Weil die Männer gar keine Ahnung haben von Schulsachen, Hausaufgaben und Haushalt schmeißen mit allem was dazu gehört. Und Termine machen, Sachen besorgen etc.

Zu Hause verliere ich den Kontakt zu meinen Kollegen, fühle mich fast fremd im Büro. Das wird Zeit, dass alles wieder normal wird. Ich hoffe so sehr, dass die Leute nicht zu unvorsichtig werden und sich weiter an die Abstandsgebote halten. Denn eins ist sicher. Spätestens im Herbst ist mit einer neuen Welle zu rechnen. Aber wenn wenigstens erst einmal im August und September alles normal ist, wäre das sehr wichtig. Wir brauchen alle eine Pause. Eine Pause von dem Ausnahmezustand in jeder Beziehung.

Der Schulausfall hat nämlich auch noch den unangenehmen Nebeneffekt, dass die meisten Kinder später ins Bett gehen und der Rhythmus fast so ist wie in den Ferien. Und was bedeutet das für die Familie. Wir und viele anderen Familien haben keine fünf Minuten für uns und allein – ohne Kinder. Der Gedanke daran, dass das jetzt weitere sechs Wochen in den Ferien so weitergeht, dass ich abends müder bin als unser Sohn und wir alle zusammen gegen 23.00 Uhr ins Bett gehen. Das macht mich fertig. Ich möchte auch mal wieder einen Film alleine sehen und nicht nur Tom und Jerry, Paw Patrol oder Alvin und die Chipmunks.

Diesen Rhythmus bekommt nur der normale Alltag mit Schule, Hobbies und Verabredungen wieder hin. Denn dann ist um 21.00 Uhr keine Kapazität mehr da. Aber bis dahin sind es noch einige Wochen. Da sind die Familien klar im Vorteil wo die Mütter nicht arbeiten. Dann hätten wir sechs Wochen frei und könnten schöne Ausflüge machen und statt zwei Wochen, drei Wochen in den Urlaub fahren. Aber das ist leider nur Wunschdenken, wie bei vielen. Und nach der Corona-Zeit geben wir unseren Sohn auf keinen Fall in die Ferienbetreuung in die Schule. Dann soll er sich lieber zu Hause langweilen.

Juli 2020

Heute war der erste Tag HSV-Camp. Als ich die Hygiene-Mail vor einigen Tagen bekommen habe, hätte ich unseren Sohn am liebsten abgemeldet. Desinfektionszeug mitnehmen und Maske tragen und Abstand halten. Wie soll das dann Spaß machen? Ein Glück gelten die Regeln nicht auf dem Platz, sondern nur auf dem Weg dahin. Bin ich froh, dass das Camp ist wie immer von den Inhalten. Nach dem Camp sollte dann möglichst das Mittagessen auf dem Tisch stehen. Sonst gab es leckeres Essen für die Kids dort und eine weitere Einheit bis 15.30. Aber ich muss sagen, dass ich schon über die zweieinhalb Stunden draußen Bewegung froh bin. Und danach sind die Verabredungen sowieso gesichert und damit auch die Nachmittage. In dem Moment, wenn einer das Kind morgens hinbringt und der andere es mittags abholt, geht das auch. Wenn man beide Fahrten machen muss, braucht man fast nicht zu arbeiten.

Und mal ganz ehrlich, wer ist in Corona Zeiten nicht froh über jede Stunde, die sein Kind woanders beschäftigt und glücklich ist. Bisher habe ich selbst diejenigen, die sonst ja jede Minute mit ihrem Kind genießen, noch nicht sagen hören, wie schön die Zeit war für und mit der Familie. Vielmehr ist jeder froh, wenn man mal seine Ruhe vor Mann und Kind oder Kindern hat. Die Zeit hat unfassbar an den Nerven und Kräften gezehrt. Und die Frage nach dem „wie geht es weiter" kreist in meinem Kopf. Geht es nach den Ferien tatsächlich normal weiter? Man kann es nur hoffen. Aber jetzt muss ich versuchen runter zu kommen und die letzten drei Wochen vor dem Urlaub zu arbeiten. Dann sind zwei Wochen frei. Zwei Wochen, die hoffentlich im Zeitlupentempo vergehen und am besten sich anfühlen wie ein halbes Jahr.

Zu allem Überfluss kommen jetzt auch noch Termine für eine Hundetherapie hinzu. Denn die Angst vor Hunden muss besiegt werden. Hier laufen so viele Hunde frei rum. Ab der dritten Klasse sollte unser Sohn allein zur Schule fahren. Aber bei der Angst vor Hunden können wir das wohl erst einmal vergessen. Heute Abend haben wir das erste Telefonat mit einer Halterin eines für Therapie ausgebildeten Schäferhundes. Gestern hat sie schon Fotos geschickt, die ihren Hund in allen möglichen Lebenslagen mit ihren Kindern zeigt. Auf dem Trampolin, im Planschbecken usw. Vor den Fotos hatte er immerhin keine Angst, denn sogar ganz kleine Kinder haben vor dem Hund gesessen und ihm einen Stock gegeben. Ich bin gespannt. Hoffentlich nimmt es ihm die Angst. Die Narben sehen schon schlimm genug aus. Auch auf Radtouren hat er keine Lust mehr, weil er Angst hat. Gerade wo er so viel Bewegung braucht, ist das schon hart.

Fast hätte ich es vergessen, dass wir letzten Freitag das erste Mal essen waren seit über vier Monaten. Wir saßen draußen und haben es einfach genossen, zu zweit unterwegs zu sein und in Ruhe zu reden. Leider finde ich es etwas unangenehm, dass man überall seinen Namen und seine Adresse hinterlassen muss. Wenn einer dort im Restaurant Corona hat, kommt man dann in Quarantäne? Der Gedanke daran macht Essen gehen schon unattraktiv muss ich sagen. Aber den Abend haben wir genossen. Bei frischer Luft, wärmsten Temperaturen und super Essen.

Aber es muss dringend ein Impfstoff her. Wie lange soll dieser Ausnahmezustand noch andauern?

Zum Glück tritt zu Hause dank der Ferien wieder der Normalzustand ein. Mit Ausnahme, dass unser Sohn abends länger wach ist als ich, weil er seinen Ferienmodus erreicht hat. Der jetzt durch Corona leider schon Monate anhält. Aber dafür schläft er auch bis zehn Uhr und ich kann schon einige Stunden arbeiten bevor er wach wird. Statt abends schnacken, haben wir jetzt beim Frühstück Zeit allein. Aber abends ist schon netter, weil man morgens schon etwas im Stress ist mit der Arbeit. Aber besser als nichts denk ich mir da. Aber ehrlich gesagt sehne ich die Zeit nach den Ferien herbei, wenn er endlich wieder einen Rhythmus hat und früher ins Bett geht. So ist das furchtbar anstrengend, weil man nie Ruhe hat.

Aber in einer Woche geht es endlich in den langersehnten Urlaub nach Sylt. Alles wie jedes Jahr. Da haben wir keine Einschränkungen wegen Corona, da wir seit Jahren immer an die Nordsee fahren. Das ist Erholung pur, wenn wir auf der Fähre stehen, geht der Urlaub schon los, weil man jeden Fleck kennt in der Gegend. Die Kinder können allein laufen und man selber hat Ruhe und kann sich erholen und auftanken. Das war im Leben noch nie so nötig wie in diesem Jahr. Es ist mit Abstand das bisher schlimmste Jahr in meinem Leben. Wahrscheinlich sagen das sehr viele. Niemand konnte sich vorstellen, dass eine Pandemie das Leben so verändern und einschränken würde.

Ich hoffe, dass das Wetter wie jedes Jahr mitspielt. Ich brauche dringend Sonne und Meer und Zeit für mich allein. Noch nie habe ich mir so Zeit für mich allein gewünscht. Aber wie soll ich mir Erholungsphasen verschaffen? Ich weiß es einfach nicht. Neulich waren wir einen Abend in der Sauna und unser Sohn hat Ferngesehen. Der Fernseher lief während der ganzen Coronazeit heiß. Wohl bei allen Familien. Wie soll man selber arbeiten und das Kind nach dem Erledigen der Schulsachen oder jetzt in den Ferien ruhigstellen. Jetzt liest er zum Glück zwar auch wieder, aber sechs Stunden beschäftigt er sich nicht allein. Da muss auch zwischendurch immer wieder der Fernseher herhalten. Gerade wenn ich wichtige Telefonate oder Dinge zu erledigen habe bei der Arbeit. Aber wenn die nötige Mischung stimmt, finde ich das auch nicht schlimm. Wenn mehrere Stunden am Tag draußen gespielt wird und Sport getrieben wird und daneben noch beispielsweise gelesen wird, dann kann auch Zeit vor dem Fernseher nicht schaden. Aber das muss natürlich anders werden im Urlaub.

Da habe ich gleich eine gute Überleitung zum langersehnten Urlaub auf Sylt.

Die Zeit alleine – sie klappt. Dank anderen Kindern. Wie lang darf man die Leine eigentlich machen bei einem gerade 8jährigen Kind? Hier in Mellhörn, wo die Welt noch in Ordnung ist, lassen wir sie sehr lang. Zu lang, wie gestern Abend herauskam beim Gespräch mit unserem Sohn. Vier Kinder fahren allein in den Hafen, um ein Eis zu Essen. Stattdessen wird eine Cola gekauft und zehn Minuten Bungee Jumping gemacht. Ob das überhaupt erlaubt ist allein, keine Ahnung, aber die Anbieter müssen ihr Minus der letzten Monate ausgleichen. Das muss man das nicht so genau nehmen. Das Spielen in der Wohnung des einen gestaltete sich als iPad spielen und Nintendo Switch daddeln heraus. Kein Wunder, warum die Kids dort so gerne hingingen. Und wir dachten, ach ist das herrlich, seine Ruhe zu haben. Ist es ja auch. Aber man darf eben nicht vergessen, dass die Kinder noch klein sind und noch nicht mit Geld umgehen können und sich das kaufen bzw. das machen, worauf sie gerade Lust haben. Das kann ich ihnen auch nicht verübeln. Aber dennoch bin ich etwas ins Grübeln gekommen, ob die Leine doch etwas zu lang ist. Hätte man es selber früher anders gemacht. Ja, ich hätte niemals auf ein Eis verzichtet.

Heute steht eine Dünenwanderung auf dem Programm mit den anderen Kids und deren Großeltern. Wehe man selber hätte ein so langweiliges Programm vorgeschlagen, wo man wandern muss. Aber bei anderen ist das natürlich etwas anderes. Ein Glück. Herrlich, wieder Ruhe und Zeit für sich. So sitze ich mit einem Chai Tee Latte im Strandkorb und schaue auf das Meer. Ich könnte den ganzen Tag den Wellen und Möwen lauschen. Solange sie mir nicht mein Essen aus den Händen reißen. Bei den Möwen merkt man nämlich auch Corona. Noch nie waren sie so aggressiv wie in diesem Sommer. Sie haben Nachholbedarf.

Jahr um Jahr sitzen wir in gleicher Runde am Strand. Dieses Jahr erinnert es tatsächlich ein wenig an eine Therapiegruppe, weil wir oft einen Stuhlkreis in mehreren Metern Abstand bilden und schnacken. Ab 16.00 Uhr darf der Alkohol nicht fehlen. Es ist einfach schön, es ist wie nach Hause kommen. Und es wird viel gelacht. Es tut so gut zu merken, dass man sich noch kaputtlachen kann über Kleinigkeiten. In den letzten Monaten kam das deutlich zu kurz. Als Kind war ich auch Jahr um Jahr im gleichen Ort, in der gleichen Unterkunft. Jetzt weiß ich warum. Es ist einfach bequem. Jeder weiß genau wo was ist und kann sich allein bewegen. Klar, auf Dauer, wenn die Kinder älter werden, muss auch mal was Neues her. Aber noch kann ich mir nichts Besseres vorstellen. Klar, dass Wetter ist nicht wie im Süden und das Wasser ist mir auch zu kalt. Aber Stand-Up-Paddling würde ich mich im Mittelmeer wahrscheinlich nicht trauen, hier aber schon.

Ich hatte vor dem Urlaub richtig schlechte Laune, weil es hieß, dass es keine Strandkörbe mehr gibt. Und das ist definitiv mein Lieblingsplatz am Strand. In den Schatten flüchten. Am Morgen als erstes dort zu sitzen und den Wellen zu lauschen und die Leute zu beobachten. Das ist Urlaub. Aber tatsächlich haben wir vor Ort noch einen ergattert. Ich glaube an dem Tag habe ich mich so gut wie nicht mehr wegbewegt, um die vorherigen verpassten zwei Tage aufzuholen. An dem Tag war mir auch egal, dass meine Schrittzähleruhr wenig zu tun hatte und ich permanent erinnert wurde, dass ich eine Stunde inaktiv war. Dafür habe ich gestern mit meinen Märschen am Strand meinen persönlichen Rekord aufgestellt.

Und ich bleibe eisern mit dem Verzicht auf Süßigkeiten. Wer kennt es, dass man vor Frust oder Stress ein Duplo nach dem nächsten isst? Oder Schokolade, Gummikram oder Chips? Bei mir war es in Corona-Zeiten so schlimm, dass ich kein Maß mehr hatte. Fünf Duplos und weiterer Süßkram gehörten nach dem Mittagessen schon fast dazu. Je nachdem wie stressig der Tag war, mehr oder auch weniger. Es ist eine kurze Befriedigung, die einen jedenfalls für ein paar Minuten richtig glücklich und zufrieden macht. Bis sich dann der Ärger breit macht, dass man schon wieder nicht widerstehen konnte und an Abnehmen nicht zu denken ist bei so einem Verhalten. Ich muss dann an einen Punkt kommen, wo ich mich vor mir selber ekel und mich frage, was da schiefgelaufen ist. Selbst das reicht oft nicht. Aber warum bin ich mit allem so diszipliniert und planvoll, nur mit Essen nicht. Wahrscheinlich, weil jeder eine Schwäche hat. Daher bin ich gerade umso stolzer, dass ich es geschafft habe, schon vier Wochen keine Süßigkeiten zu Essen. Und auch in unseren Stuhlkreisen, wo immer Chips und Süßigkeiten kreisen, noch standhaft geblieben bin. Auf Dauer werde ich das nicht durchhalten, aber zumindest muss der Suchtfaktor weg und der Konsum auf ab und zu runtergeschraubt werden. Dann würde auch mein Kleiderschrank wieder eine ganz andere Auswahl bieten. Denn viele der Sachen sind zu eng geworden. Und nichts sieht schlimmer aus als zu enge Sachen. Dann wirkt man noch dicker als man ist.

Es kommt einfach oft eins zum anderen. Wenn man sich zu dick fühlt, dann ist man unzufrieden. Wenn dann noch weitere Dinge hinzukommen, dann steigt die Un-

zufriedenheit an. Und sofort ist man wieder im Streit-
modus mit dem Kind angekommen. Meine Hoffnung ist,
dass der Satz „glückliche Mama- glückliche Kinder" zutreffend ist und ich daran arbeite, meinen Part zu erfül-
len. So schwer kann das ja nicht sein. Eigentlich!

Gibt es was Schöneres als allein am Strand im Strandkorb zu sitzen und auf das Meer zu sehen, den Wellen
zu lauschen und den Möwen? Für mich nicht. Es ist ein
Gefühl, dass man nicht richtig beschreiben kann. Das
tiefe Einatmen der Luft fühlt sich so unfassbar befreiend
an. Durch die steife Brise sind die Sorgen jedenfalls am
Tag wie weggepustet. Ich würde die Uhr am liebsten anhalten, sodass ich ein halbes Jahr oder länger hierblei-
ben könnte. Wäre das schön. Hier stört mich auch nicht,
wenn ich morgens in einer Schlange von zwanzig Leuten
beim Bäcker anstehe. Es ist Urlaub. Auch kochen und
einkaufen machen Spaß und sind nicht lästig wie zu
Hause. Gerade in Corona- Zeiten habe ich gar keine Lust
Essen zu gehen. Aber das muss jeder selber für sich entscheiden. So voll wie das überall ist, ist das Vielen egal.
Sie tun einfach so, als gäbe es Corona nicht.

Aber mich beunruhigen die Zahlen der vergangenen
Tage. Die steigenden Zahlen in Deutschland. Die Gedan-

ken kreisen dann teilweise und ich ertappe mich zu beten, dass die Schulen nach den Ferien öffnen, zumindest die Grundschulen. Der Rest interessiert mich persönlich derzeit nicht. Ist zwar egoistisch. Aber die Studien belegen, dass Kinder bis zehn sich weniger oft anstecken als ältere Kinder und Menschen. So eine Zeit wie vor den Ferien möchte ich nicht noch einmal erleben. Aber so wie sich viele benehmen im Urlaub, scheinen sie die Zeit verdrängt zu haben oder es war entspannt bei ihnen. Wobei Umfragen ein anderes Bild wiedergeben. Wie kann das sein, dass viele nur im „Jetzt und Heute" leben? Das ist zwar eine gesunde Einstellung, aber verstehen kann ich es nicht. Es kann so viel kaputt gemacht werden, was in Deutschland aufgebaut wurde. Ich war die Einzige, die sich vorhin nach dem Bäcker die Hände desinfiziert habe. Für mich ist das Virus nicht weg und meine Panik vor einer zweiten Welle ist so groß, dass ich auch alles dafür tue, was in meiner Macht steht, dass sie nicht kommt.

In der dunklen Jahreszeit wäre das noch viel schlimmer für alle. Denn das schöne Wetter hat uns alle über Wasser gehalten, um nicht völlig den Verstand zu verlieren.

Prognosen können wir noch nicht abgeben, was die nächsten Wochen und Monate bringen. Es bleibt abzuwarten, wie sich die Fallzahlen entwickeln. Aber eins ist klar, mit der Angst wird man erst mal leben müssen. An Fernreisen dürfte gar nicht zu denken sein, auch wenn wir das sowieso nicht geplant haben.

Die nächste Fernreise wird nach Afrika gehen, wenn sich wieder alles beruhigt hat und unser Sohn alt genug ist für die Lodges und die Safaris. Ich habe richtig Fernweh nach der Weite der Savanne und den Tieren. Aber alles zu seiner Zeit.

August 2020

Morgen beginnt die Schule. Im Regelbetrieb, fast ohne Einschränkungen. Was bin ich erleichtert. So hält die Urlaubserholung vielleicht etwas länger an!

Ich habe mir jedenfalls eine Sache ganz fest vorgenommen im Leben zu ändern. Das wird auch definitiv zur Entspannung beitragen. Ich möchte nur noch Dinge machen, die mir Spaß machen und guttun. Ich weiß, dass klingt etwas merkwürdig. Es wird auch nicht komplett umzusetzen sein. Aber ein Gespräch hat mir vor einigen Wochen die Augen geöffnet. Warum gibt man sich als

Mutter nur noch dem Kind oder den Kindern hin? Warum schafft man es nicht, sein vorher geführtes Leben jedenfalls teilweise aufrechtzuerhalten und Dinge für sich selber zu tun? Natürlich gehe ich mal zur Kosmetik oder zum Sport. Aber das meine ich nicht. Alles andere wird hintenangestellt. So macht man eigentlich den ganzen Tag Dinge für andere. Bei der Arbeit sowieso. Das lässt sich wohl auch nicht ändern. Dann bin ich Chauffeur und mache zwischendurch den Haushalt und abends Essen. Wenn endlich Ruhe ist, ist man zu kaputt etwas zu machen. Diesen Zustand habe ich versucht aufzubrechen. Ich habe angefangen mit Klavier und mit Tennis. Klavier fand ich als Kind schon toll und Tennis war als Kind mein Leben. Hinzukommt das Schreiben dieses Buches, da mich Schreiben einfach entspannt. Es macht Spaß ganz ohne Zwang die Zeilen und Seiten zu füllen. Und wenn ich das nur für mich schreibe, egal. Es tut mir gut und niemand stört mich dabei.

In letzter Zeit gab es einige Ereignisse, die mich total aufgeregt haben und wo ich mir geschworen habe, dass so etwas nicht mehr vorkommt. Wieso lässt man sich von dritten Leuten eigentlich fremdbestimmen oder unter Druck setzen. Ich habe doch eigentlich gelernt, dass ein klares nein hilft aus Situationen rauszukommen, die mir unangenehm sind. Warum schaffe ich es dennoch nicht, zu Sachen nein zu sagen, obwohl ich keine Lust dazu habe. Das Leben soll doch Spaß machen und es ist zu kurz um sich aufzuregen. Und gerade im Urlaub haben wir mal keine Termine und Zwänge. Wieso schaffen wir es nicht, dass auch durchzusetzen. Beispielsweise hatten wir wegen einer Einladung richtig Ärger, weil unser Sohn sein Trikot ausziehen musste. Wir haben die Einstellung, hey, es ist Urlaub und es ist ein 8jähriges Kind. Er kann anbehalten, was er möchte. Wem das nicht passt, der muss uns nicht einladen. Warum sagen wir das nicht? Stattdessen haben wir richtig Ärger und gar keine Lust mehr auf die Einladung. Wir haben normalerweise keine Abendeinladungen mit unserem Sohn. Wenn sind wir allein eingeladen. Und ja, Weihnachten zieht er natürlich kein Trikot an. Aber sonst sehr oft, wenn er darf. In die Schule darf es keins anziehen. Aber ansonsten ist es eine Frage der Zeit, bis er die sowieso nicht mehr anziehen will. Und zurzeit ist Fußball sein Leben. Ich finde es im Übrigen toll, dass er sich für einen Sport derart begeistern kann. Was andere denken kann uns doch egal sein. Warum lässt man es zu, dass man Ärger in der eigenen Familie in Kauf nimmt, nur um es anderen recht zu machen. Was ist da los? Wieso macht man sich nicht frei davon. Wir wollen es versuchen. Wieso gebe ich anderen nicht kontra, wenn sie mir Dinge sagen, die nicht stimmen und mich aufregen? Ich bin auch für niemanden der Dienstbote. Ich mache Dinge, weil ich dazu Lust habe. Bei der Arbeit lasse ich mir nichts mehr bieten. Und ich fahre gut dabei. Das bringt einem Respekt ein und die Leute merken es sich, dass sie mit mir nicht machen können was sie wollen. Warum fällt mir das privat so viel schwerer. Auch bei der Arbeit musste ich das lernen. Noch vor einigen Jahren habe ich nicht den Mund aufgemacht, sondern alles in mich reingefressen. Das möchte ich nicht mehr. Und es befreit so ungemein. Es fühlt sich richtig und gut an die Leute in ihre Schranken zu weisen und zu zeigen, mit mir nicht.

Wieso bekomme ich es privat nicht hin, nur das zu machen, wozu ich Lust habe. Egal, was andere denken. Es ist mein Leben und man lebt nur einmal. Ich glaube, dass es privat schwerer ist, weil man es sich mit Freunden nicht verscherzen will und einige Personen einem sehr wichtig sind. Da macht man dann Dinge möglich, die einem nicht gefallen oder schaut drüber hinweg. Aber eigentlich müsste die eigene Einstellung überwiegen und das eigene Handeln bestimmen. Und wen das stört, der muss mit uns beispielsweise nicht essen gehen.

Und je älter die Kinder werden, desto eher kann man darauf bestehen, dass angemessene Kleidung angezogen wird. Aber auch hier gilt, wir geben die Regeln vor. Wir müssen uns nicht an anderen orientieren. Ein Freund sagte mir neulich auch, wenn Du entscheidest, dass dein Kind gewisse Hausaufgaben im Homeschooling nicht macht, dann macht er sie nicht. Egal, was die Lehrerin denkt. Das war bislang gar nicht meine Einstellung, denn man möchte es auch vielen Menschen recht machen und wenn Aufgaben kommen, dann sind diese zu erledigen. Aber wahrscheinlich ist was Wahres dran, was der Freund mir gesagt hat. Beim nächsten möglichen Lockdown werde ich versuchen das zu berücksichtigen.

Ich möchte auch keine Verabredungen mehr machen, auf die ich keine Lust habe. Da muss man vorher sich überlegen wie man die abgesagt bekommt oder durch Notlügen aus der Nummer rauskommt. Natürlich ist das Leben kein Ponyhof, aber wo immer man Einfluss auf die Sache nehmen kann, sollte man es auch tun.

Ich muss mir immer wieder vor Augen halten, dass im Ergebnis ich diejenige bin, die bestimmt, was ich mache und was nicht.

Wann habe ich das eigentlich aus den Augen verloren? Ich denke mit der Geburt unseres Sohnes. Das Leben war nunmehr fremdbestimmt und ich konnte über meine Zeit und Dinge die mir Spaß machen und wichtig sind, nicht mehr frei verfügen. Aber langsam ist der Punkt gekommen, wieder mehr an sich selber und sein eigenes Leben zu denken. Das soll nicht heißen, dass ich nicht weiterhin der Chauffeur bin und quasi in den Diensten unseres Sohnes stehe und für Essen sorge etc. Aber ich möchte das aus einem anderen Blickwinkel tun und mehr darauf achten, dass ich Herr der Lage bleibe wie und wann ich Dinge mache. Und vor allem möchte ich mir von anderen nicht mehr diktieren lassen, was ich zu tun und zu lassen habe. Ob ich das immer schaffe, ich weiß es nicht. Vermutlich nicht. Aber man wächst an seinen Aufgaben und kann es jedes Mal wieder versuchen, wenn man sich ärgert. Nur wenn einem bewusst wird, dass man Dinge ändern will, kann man es auch schaffen.

September 2020

Es ist Sonntag, die Sonne scheint und unser Sohn ist auf einem Kindergeburtstag. Also perfekter könnte es eigentlich nicht sein. Aber dennoch macht sich in mir eine Unruhe breit. Mich nervt dies Thema Corona so sehr. Nichts kann man planen. Was ist mit dem nächsten Urlaub im Herbst? Was wird mit Ski-Urlaub nächstes Jahr? Man weiß es nicht. Ich plane sehr gerne und sehr viel. Und das geht zurzeit einfach nicht. Man kann nur von Tag zu Tag planen. Nicht mal ein Kindergeburtstag kann mit einer Woche Vorlauf sicher geplant werden. Und was soll da eigentlich gemacht werden. Auf keinen Fall wollte ich dieses Jahr noch mal zu Hause feiern. Daher hatten wir schon zwei Feiern gebucht, eine mit Freunden aus der Klasse und eine mit den Fußballfreunden und sonstigen Freunden. Beide Feiern sollten drinnen stattfinden, einmal beim HSV und einmal in einer Bonbonmanufaktur. Alles war schon Anfang des Jahres unter Dach und Fach gebracht. Und dann kam alles anders. Alles musste abgesagt werden. Und jetzt. Kann man mit zwei Autos die Kinder auf so engem Raum mitnehmen? Oder sollte man nicht doch besser zu Hause feiern? Oder eine Outdoor Aktivität buchen? Eine gewisse Erwartungshaltung besteht bei Geburtstagen schon. Noch nie war ich so unsicher. Die Planung Anfang des Jahres ging so einfach von der Hand. Ich dachte, dass dieses Jahr die Feiern so entspannt werden wie nie. Und jetzt? Warum um alles in der Welt haben wir genau in diesem Jahr zwei Geburtstage erlaubt? Jetzt wissen wir bei beiden nicht, ob sie gefeiert werden sollen oder nicht und was gemacht werden soll. Die ersten feiern jetzt schon nach. Oder sollte man den Geburtstag einfach ausfallen lassen? Für mich selber war der Geburtstag früher einer der wichtigsten Tage im ganzen Jahr. Das ist bei Kindern so. Mittlerweile könnte mein Geburtstag auch ausfallen. Aber ich fürchte älter wird man trotzdem. Geschenke gab es dieses Jahr reichlich und der beste Freund plus Oma und Opa waren ebenfalls da zum Feiern. Ich denke, dass zunächst mal die Schulen einige Wochen aufbleiben sollen. Die Geburtstage sind im Verhältnis unwichtig. Denn einen weiteren Lockdown ertragen wir alle nicht mehr. Da würde unser Sohn eher auf Ostern, Geburtstag, Nikolaus und Weihnachten zusammen verzichten, als noch mal Homeschooling zu ertragen.

Es ist grad so herrliches Wetter. Leider muss ich jeden Tag arbeiten. Einfach im Garten chillen und bisschen Schreiben und einen kühlen Eistee trinken, würde mir besser gefallen. Aber wenigstens kann ich nachmittags das Wetter genießen.

Die Luft ist herrlich. Wir haben endlich wieder Abende als Paar, weil der Rhythmus unseres Sohnes jedenfalls auf spätestens 21.30 Uhr vorgerückt ist. Immerhin. Manchmal haben wir auch schon um 21.00 Uhr unsere Ruhe. Das kommt mir vor wie ein Geschenk. Seit März hatten wir kaum einen Abend allein. Vorher jeden Abend plus Dienstagabend Essen gehen. Das alles fehlt mir sehr. Wird es jemals so wie früher? Derzeit läuft fast alles wieder planmäßig. Schule, Hobbies, Arbeit und auch unser Urlaub waren wie die Jahre zuvor – nur ohne Umarmen. Aber das kann ich verkraften. Ich habe keinen Wunsch, außer dass Corona verschwindet und alles wieder so wird wie vor dem Lockdown.

Vor dem Lockdown war ich auch oft genervt von Dingen und das Leben war natürlich nicht perfekt. Aber es ist kein Vergleich zu jetzt, wo man eigentlich nicht mehr als einen Tag sinnvoll planen kann. Vielleicht noch bis zum folgenden Wochenende. Aber das war es dann auch. Bleiben wir alle verschont und was passiert, wenn im näheren Umfeld Corona ausbricht? Das stehen ganz viele Fragezeichen bei der Antwort. Ich weiß es einfach nicht. Mein Kopf sagt mir einerseits, dass ich mir keine Gedanken machen soll. Aber andererseits mache ich mich schon bei jeder kleinen Erkältung verrückt. Hey, wie soll ich da ruhig bleiben bei Corona, wo weltweit sehr viele Menschen sterben oder schwer erkranken.

Ich versuche schon im Auto kein Radio mehr zu hören, sondern nur CD. Ich möchte nicht ständig Nachrichten über Corona hören. Einmal am Tag bei Spiegel Online reicht mir das Update oder bei den Tagesthemen oder dem Heute Journal.

Mein Mann kann die Wincent Weiß CD`s, die in beiden Autos sind, nicht mehr hören, weil ihn das zu sehr an den Lockdown erinnert. Immer wenn hier Land unter war habe ich eine der zwei CD`s vollaufgedreht, um mich runter zu tackten. Bei meinem Mann sind einige Lieder daher sehr negativ besetzt. Mich erinnert das gar nicht daran, sondern mein Sohn und ich können fast jeden Text und es tut so gut laut mitzusingen. Das befreit so ungemein und ich liebe es, unseren Sohn singen zu hören. Naja, bis auf seine Fußball Stadiongesänge. Die nerven extrem. Sein Gesang ist für mich eines der schönsten Dinge. Wenn er sich mit Gesang beim Klavier begleitet, dann schmelze ich dahin. Weil es ihm einfach so viel Spaß macht zu singen. Das geht sicher nicht jedem Jungen so. In der Schule wird leider viel weniger gesungen als im Kindergarten. Das ist schade. Gut und während Corona darf gar nicht mehr gesungen werden.

Morgen werde ich unseren Chef fragen, warum bei steigenden Fallzahlen eigentlich jeder ohne Maske im Büro sein muss und was die Folgen sind, wenn einer positiv getestet sein würde. Ich bin mir ziemlich sicher, dass er keinen Plan hat, was dann ist. Denn es wird schon alles gut gehen. Für mich ist es ehrlich gesagt nur eine Frage der Zeit, wann der erste Fall im Unternehmen vorliegt. Denn jeder hat sein Leben in verschiedenen Stadtteilen. Kinder sind in Schulen und Kindergärten.

Oktober 2020

Jetzt ist ein ganzer Monat vergangen – eigentlich war alles wie vor Corona. Schule läuft, die Hobbies auch. Naja, wir verabreden uns etwas weniger, aber bei dem Stress des Alltags fällt das gar nicht so auf. Und wir gehen nicht essen, wenn meine Mutter abends da ist. Irgendwie ist uns immer noch nicht danach.

Wir hatten gerade Herbstferien und waren 10 Tage im Harz. Das tat so gut für den Geist. Ich konnte den Stress bei der Arbeit auch fast nicht mehr ertragen. Vor dem Urlaub war ich vier Wochen lang erkältet mit Halsschmerzen und Husten etc. Daher durfte ich vier Wochen im Homeoffice sein. Dennoch hatte ich für meine Teilzeitstelle so unglaublich viel zu tun. Krankmelden ist für mich als ehrgeizige, pflichtbewusste Arbeitnehmerin bei einer Erkältung keine Option. Warum eigentlich nicht? Das habe ich mich ernsthaft gefragt, warum ich mir den Stress angetan habe. Aber ich habe die Woche geschafft, irgendwie.

Mir graut vor morgen. Schon als Kind hatte ich an dem letzten Sonntag der Ferien immer ein besonderes Gefühl im Bauch, ich nannte es „Sonntags-Feeling". Es war eine Mischung aus vielen Gefühlen. Einerseits Freude, einige Kollegen, früher Mitschüler zu treffen und andererseits die Angst, dass die schöne Zeit nun erst einmal wieder vorbei war und die Arbeit und der Alltag warteten und gingen wieder los. Ich habe mir fest vorgenommen, nicht wie sonst schon heute meine Mails zu checken und mich aufzuregen. Das reicht morgen früh.

Gerade kam ein Anruf von meiner Mutter, dass sie nächste Woche nicht kommen kann, weil sie Kontakt mit einer positiv getesteten Person hatte. Das kann doch nicht wahr sein. Naja, ich werde es schon ohne sie schaffen. Ich sollte mich schon mal dran gewöhnen, dass das sicher noch öfter vorkommen wird, dass sie nicht kommen kann. Wenn ich mir die Zahlen anschaue, was ich natürlich auch im Urlaub getan habe, dann wird mir ganz anders. Natürlich wird auch mehr getestet als im Frühjahr. Aber dennoch muss ich sagen, dass es so scheint, als hätte man das Virus nicht mehr im Griff. Und es ist erst Oktober. Es kommen noch einige Monate in der dunklen Jahreszeit. Aber es scheint auch, dass sich wenig Leute an die Vorgaben haben. Auch im Harz waren wir erstaunt, wie voll es überall war. Jedes Lokal voll. Wir sind immer nur von außen vorbei gegangen oder haben uns schnell was zum Mitnehmen abgeholt. Wir wollen nicht mit fremden Leuten in überfüllten Restaurants oder Bars sitzen. Aber andere wollen im Urlaub nicht kochen. Uns geht die Gesundheit vor und so haben wir uns in der Ferienwohnung was zubereitet und fast alle Aktivitäten waren draußen und oft waren wir ganz alleine wandern und in der Natur.

Meine Gedanken kreisen sehr viel um einen möglichen neuen Lockdown. Hauptsache die Schulen bleiben auf. Und wenn alles andere ausfallen würde, Hauptsache da bleibt Normalität. Ich war schon froh, dass die acht Wochen bis zu den Herbstferien ohne Zwischenfall verlaufen sind. Jetzt die neun Wochen bis Weihnachten schaffen. Wenn ich manchen Politiker höre, der eine Verlängerung der Weihnachtsferien um vier Wochen fordert, dann könnte ich schreien. Wie stellt der sich das vor. Kinder sechs Wochen zu Hause, ohne dass sie beschäftigt sind. Und Eltern, die arbeiten müssen. Jedenfalls in den meisten Fällen. Aber auch ohne arbeiten sind sechs Wochen zu Hause im Winter eine harte Zeit. Denn man soll auch möglichst wenig unternehmen. Da fragt man sich schon, was bei den Leuten im Gehirn vor sich geht. Was soll das bringen? Die Kinder treffen sich dann privat und nicht in der Schule. Vielleicht treffen sich nicht alle auf einmal, aber eine Mischung findet dennoch statt. Und es gibt in Schulen bisher zum Glück relativ wenig Fälle, wo Kinder sich angesteckt haben. Daher besteht zumindest eine Hoffnung, dass die Schulen geöffnet bleiben.

Ich genieße gerade die Ruhe. Der Urlaub war zwar sehr schön, aber wir waren non Stopp zu dritt unterwegs. Es gab wenig Rückzugsmöglichkeiten. Wir haben zwar sehr viel gelesen. Das empfinde ich auch als Zeit für mich.

Aber ansonsten war entweder unterwegs sein oder spielen, essen, lesen oder Filme gucken etc. angesagt. Der Rhythmus des Ins Bett Gehens hat sich auch wieder deutlich nach hinten verlagert, sodass auch abends keine Ruhe für uns da war. Dennoch war es sehr entspannt, aber ich merke, dass ich in dieser besonderen Zeit einfach mehr Zeit für mich alleine brauche als normal. Denn ich merke einen konstanten kleinen Stresspegel in Bezug auf das, was die nahe Zukunft bringt. Wie wird Weihnachten dieses Jahr? Können die Großeltern kommen oder sind wir das erste Mal nur zu dritt? Ich merke, wie ich zu der Erkenntnis komme, dass keine Mail, kein Anruf, keine WhatsApp oder keine SMS gut sind. Denn mit jeder Mail, jedem Anruf, jeder WhatsApp oder SMS kann eine negative Nachricht kommen, dass jemand Corona hat oder in Quarantäne ist etc. Es nervt einfach nur so unglaublich. Vermutlich gibt es genügend Leute, die das einfach ausblenden können oder die sogar denken, dass das alles Quatsch ist. Aber dazu gehöre ich nicht. Denn bei mir spielen sich immer ganze Filmszenen aneinander ab, wenn eine negative Nachricht ankommt. Dann bin ich im Kopf schon fünf Schritte weiter. Manchmal wünschte ich, dass ich lockerer wäre und einfach deutlich sorgenfreier durchs Leben gehen würde. Aber jeder Mensch ist nun mal anders. Und ich denke, dass ich bisher auch sehr glücklich durchs Leben gekommen bin. Aber eine Pandemie stellt die Welt auf den Kopf und jeden einzelnen Menschen vor große Herausforderungen. Nicht ohne Grund liest man überall, dass sich Menschen bloß nicht vorschnell trennen sollen. Die Pandemie löst bei vielen nicht geahnten und vorstellbaren Stress aus. Topverdiener können auf einmal kurz vor der Pleite stehen. Ganze Berufsgruppen stehen quasi vor dem Aus. Wenn das im Jahr 2021 nicht aufhört, frage ich mich, wie beispielsweise die Tourismusbranche überleben soll. Unseren Mallorca Urlaub haben wir auf den Sommer umgebucht. Aber ob wir da tatsächlich ohne Corona Sorgen hinfahren können, steht natürlich in den Sternen. Vor wenigen Wochen habe ich ein Angebot von dem Hotel aus Österreich eingeholt, wo wir immer in den Skiferien hinfahren. Da war ich noch fest entschlossen trotz Corona erst einmal zu buchen. Aber mittlerweile sieht das anders aus. Bei den steigenden Zahlen, die auf ganz Europa gesehen noch schlimmer sind als in den USA (ich dachte eigentlich, dass das nicht geht), kann ich nicht ruhigen Gewissens eine Reise für März buchen. Wir wollten auch dem Hotel etwas Sicherheit geben. Aber was solls. Wir drucken unser Geld auch nicht selber. Und ich weiß, dass wir uns nicht entspannen könnten, in einem größeren Hotel zu sein mit vielen fremden Menschen, wenn das Virus nicht wenigstens halbwegs im Griff ist. So wie uns geht es sicher vielen. Aber es gibt eben auch die anderen, die sich um nichts kümmern und die auch keinen Abstand kennen oder anscheinend nicht wissen, wie viel eineinhalb bzw. zwei Meter sind. Die gehen so dicht an einem vorbei, am besten ohne Maske. Da merke ich, dass ich richtig unentspannt werde. Im Harz auf einer der längsten Hängebrücken der Welt galt es, zwei Meter Abstand zu halten. Die hinter mir hustete und stand dabei quasi hinter mir. Es ist einem dann peinlich etwas zu sagen, weil man nicht als Oberspießer rüberkommen möchte. Dabei kenne ich die Leute doch gar nicht und mir könnte es völlig egal sein, was sie von mir denken. Das hatte ich mir auch fest vorgenommen. Aber es klappt leider nicht jedes Mal. Da musste dann ein lauter Spruch zu unserem Sohn herhalten, der schon drängelte, dass ich was sagen soll, „die halten schon den Abstand ein, mach Dir keine Sorgen". Auf einmal ging es und der Abstand vergrößerte sich.

Mich nervt Corona so an, dass ich richtig aufpassen muss nicht in eine Negativspirale reinzugeraten. Denn mit meinen Bildern im Kopf geht das hervorragend. Da kommt ein Dominostein nach dem nächsten ins Rollen. Und los geht es. Wie soll man sich Tag um Tag motivieren und sich einreden, dass es einem gut geht, wir gesund sind und Corona bald verschwindet. Ich schaffe es einfach nicht die negativen Dinge auszublenden. Im Urlaub klappt das ganz gut. Da mache ich auch nur Sachen, die mir Spaß machen und auf die wir uns gefreut haben.

Das ist im Alltag natürlich anders. Angefangen beim frühen Aufstehen, im Herbst/Winter im stockdunklen. Normalerweise bin ich ein Frühaufsteher. Aber wenn es morgens noch kalt und dunkel ist, dann hasse ich es, so früh aus dem kuschlig warmen Bett aufzustehen. Dann sehen, dass das Kind pünktlich mit Essen im Ranzen in die Schule kommt und ab zur Arbeit. Dann beginnt montags morgens das Hamster Rad sich zu drehen. Und es hört nicht auf, bis ich abends im Bett liege. Und genau, wir haben nur ein Kind. Ich frage mich, wie man das mit mehreren Kindern schafft, wenn man parallel arbeitet. Ohne zu arbeiten hat man jedenfalls etwas mehr Zeit für sich als mit Arbeiten. Denn die Vormittage, wenn die Kinder in der Schule sind, hat man frei. Dann beginnt aber natürlich das Karussell mit Hobbies und Verabredungen usw. Am Anfang des Lockdowns dachte ich, dass das Hamsterrad abgeschaltet worden ist, weil wir keine Termine mehr hatten. Ich musste nicht zur Arbeit fahren, sondern konnte von zu Hause aus arbeiten und ansonsten ging man nur einkaufen und sonst nichts. Das war auch die ersten Wochen richtig. Aber danach nahm der psychische Druck und Stress so enorm zu, dass ich lieber doppelt so schnell im normalen Hamsterrad gerannt wäre als sonst. Ich hätte fast alles gemacht, dass der Lockdown zu Ende ist. Deshalb bekomme ich auch heute noch fast hektische Flecken, wenn ich nur im Internet das Wort „Lockdown" lese. Zwar haben wir zu

Hause besprochen, dass es nicht noch mal so eskalieren würde wie letztes Mal und wir vieles anders machen würden. Aber würde das tatsächlich klappen? Ließe sich das so umsetzen, wie wir es uns vorstellen. Alles ganz entspannt ohne Stress. Ich bin nicht sicher, ob das klappen würde und daher möchte ich es um jeden Preis vermeiden. Alles was wir dazu beitragen können, werden wir machen. Und die Wirtschaft kurbeln wir mit online-Bestellungen und Essen bestellen genug an. Auch die kleinen örtlichen Läden suche ich auf, um Dinge zu besorgen. Aber vieles wird bestellt.

Es ist Ende Oktober und die Fallzahlen sind bei fast 15.000 in Deutschland. Noch läuft allerdings das Leben mit den Corona Einschränkungen relativ normal. Ein Glück! Ich weiß nicht, was passiert ist, aber ich bin heute Morgen aufgewacht und war nicht ganz so negativ gestimmt wie die letzten Monate. Als wäre ein Ruck durch mich gegangen. Wir müssen das beste aus der Situation machen und wissen nicht, wie lange sie noch anhalten wird. Also habe ich mir vorgenommen, mehr zu lachen, eine positivere Grundeinstellung zu haben, mehr auf mich zu achten, also mal wieder schickere Kleidung anzuziehen und mich mehr zu schminken. Daneben will ich mich mehr bewegen und vor allem mal wieder komplett auf Süßigkeiten verzichten. Die Sonne scheint und als hätte ich über Nacht eine Eingebung gehabt. Es sind noch genau zwei Monate bis zum Heiligabend. Diese Zeit werden wir überstehen.

Wie kommt das auf einmal? Kennen Sie das auch? Ich muss zugeben, dass ich immer unzufriedener wurde. Das Hamsterrad wurde irgendwie immer schneller und ich fühlte mich so, als ob ich bald rausfallen würde. Zum ersten Mal im Leben hatte ich das Gefühl, die Kontrolle zu verlieren und verrückt zu werden, wenn sich nichts ändert. Und dass, obwohl ich für mich schon Dinge mache wie Tennis und Klavier und während des Fußball-Trainings unseres Sohnes spazieren gehe. Aber das reicht nicht. Ich fresse den Frust und Ärger des letzten Jahres in mich hinein. Immer und immer mehr. Nicht dass es sich auch auf die Figur negativ auswirkt, aber eben nicht nur. Denn auch die Psyche eines Menschen ist nur begrenzt belastbar. Es ist eigentlich traurig, dass unser wirklich schöner und erholsamer Urlaub erst eine Woche her ist. Wenn ich ehrlich bin fühlte ich mich schon an Tag zwei nach dem Urlaub so, also nach Tag eins im Büro. Wie kann das sein? Ich habe mir so fest vorgenommen, die Erholung so lange wie möglich aufrecht zu erhalten. Aber es hat gerade mal einen Tag gehalten. Das macht mir Angst. Brauch ich vielleicht mal eine komplette Auszeit aus dem Alltag? Muss ich mal allein auf Kur fahren? Eine Mutter-Kind-Kur ist jedenfalls das letzte was ich brauche. Denn ich brauche mehr denn je Zeit für mich. Das hatte ich auch schon beschrieben. Vielleicht kennen Sie das auch. Ich weiß nicht genau, was Corona mit uns macht. Aber es ist nichts Gutes, soviel steht fest. Ich meine jetzt nur die Nebenwirkungen, die bei uns entstehen, unabhängig, ob wir die Krankheit bekommen oder nicht. Zum ersten Mal im Leben schwingt eine unterbewusste Sorge mit, ob das Virus jemals verschwindet und man die Dinge, die früher so normal waren, jemals wieder machen kann.

Heute war zum ersten Mal wieder das Klopapier Regal im Supermarkt um die Ecke leer. Das kann doch wirklich nicht wahr sein. Fangen die Leute jetzt schon wieder an zu Hamstern? Wenn wir eins gelernt haben, dann doch, dass die Lebensmittel Versorgung während des Lockdowns kein Problem war. Vor einigen Monaten habe ich gelesen, dass teilweise Tonnen von Klopapier weggeworfen werden mussten, weil die Supermärkte nach dem Lockdown keinen Stauraum mehr hatten und darauf sitzen geblieben sind. Und jetzt? Geht alles wieder von vorne los. Das verstehe ich nicht. Mit dem Anblick kommen jedenfalls Erinnerungen hoch – und keine angenehmen, das steht fest. Ich bete, dass es nur Erinnerungen bleiben und sich nicht alles wiederholt, und im Zweifel noch schlimmer wird. Aber solche negativen Gedanken möchte ich mir nicht mehr machen. Wir leben im Hier und Jetzt. Ich denke, dass man das Leben zurzeit mehr aus einer Kinderbrille betrachten muss. Es interessiert mich nur das, was jetzt gerade am Wochenende ist und wie es uns geht und nicht, was in zwei oder fünf Wochen ist. Denn bei den Gedanken bekommt man schlechte Laune und macht sich unnötig Sorgen. Wir können für uns alles tun, was geht. Aber Solange sich Dritte nicht an Kontaktreduzierungen halten und auch mein eigener Arbeitgeber nach wie vor Anwesenheitspflicht fordert, wird eine Eindämmung des Virus nicht erreicht. Ich bin gespannt, wann mein Arbeitgeber endlich reagiert. Anscheinend solange gar nicht bis ein positiver Fall vorliegt und dann wenigstens alle in Quarantäne müssen. Verstehen kann ich sowas nicht. Das habe ich meinem Chef auch stellvertretend für meine Kollegen mehr als deutlich geschrieben. Ich bin gespannt, ob Montag sich was tut. Ich halte mit meinen Gedanken und Vorstellungen nicht mehr hinterm Berg. Das befreit ungemein, wenn man jemandem seine Meinung sagt. Egal, wie es ankommt.

November 2020

Es ist Sonntag und wir befinden uns mittlerweile im nächsten Lockdown, der allerdings als „light" beschrieben wurde. Denn dieses Mal sind die Schulen bisher weiter geöffnet und auch der Einzelhandel hat die Läden auf. Aber Restaurants und Sport ist dicht, bis auf Individualsportarten wie Tennis. Ein Glück haben wir damit angefangen.

Und ja, ich bin wieder im Homeoffice – dank der Videobotschaft der Kanzlerin. Es kam genau wie ich gesagt hatte, erst nachdem die Regierung zu Homeoffice aufgerufen hat, durften wir ins Homeoffice. Es ist gar nicht so, dass ich unbedingt im Homeoffice arbeiten möchte. Grundsätzlich gehe ich gerne ins Büro und finde es wichtig, dass der Arbeitsplatz nicht dauerhaft zu Hause ist. Aber in Zeiten einer Pandemie muss ich nicht so vielen Menschen täglich im beruflichen Umfeld begegnen, wenn man sich privat an Kontaktbeschränkungen hält.

Ich stelle mir in letzter Zeit häufig die Frage, was Corona eigentlich mit einem macht und ob man sich verändert hat in den letzten Monaten. Die Antwort ist, dass ich deutlich nervöser geworden bin und anfälliger, etwas falsch zu verstehen. Man ist dünnhäutiger geworden, weil die Situation an den Nerven zehrt. Es ist furchtbar anstrengend nicht zu wissen, wie es weitergeht und ständig darauf zu warten, ob die Politik wieder Neuerungen oder Verschärfungen beschließt. Dadurch ist der erste Lockdown wieder so präsent. Und daran sind keine guten Erinnerungen verblieben. Jeden Morgen gucke ich nach den Fallzahlen im Internet. Vielleicht ist das falsch. Ich weiß es nicht. Aber mich gar nicht informieren, kann ich irgendwie auch nicht. Ich habe das Gefühl, dass man nur sehr selten entspannt ist zurzeit. Das ist nicht gut und kann sicher auf Dauer krank machen. Allen mit denen ich ehrlich spreche geht es genauso. Die fehlenden sozialen Kontakte, keine netten Abende in Restaurants und keine Freizeitevents, das macht auf Dauer unglücklich. Und täglich wartet man auf eine Schreckensnachricht aus der Schule, dass die Klasse betroffen ist. Ich kann oft erst abends beim Fernsehgucken zum ersten Mal am Tag etwas abschalten. Natürlich nur, wenn keine Nachrichten laufen, sondern einfach Sendungen wie „The Voice of Germany" oder „Grill den Henssler". Sendungen wo man gut unterhalten wird und an nichts anderes denkt. Wenn dann noch der Kamin an ist und am besten eine Flasche Wein geöffnet wird, dann komme ich runter. Ich frage mich, wie lange man das noch aushalten kann, quasi jeden Tag auf Notstrom zu laufen. Das geht sehr vielen Menschen so. Auch vielen, die eigentlich sehr positiv eingestellt sind und die wenig aus der Bahn werfen kann. Es ist eine Belastung, die nicht spurlos an einem vorbei geht. Alle schönen Dinge fallen weg. Schon eine Verabredung mit einer Person muss hinterfragt werden, sodass ich gänzlich davon Abstand genommen habe. Dann braucht man sich danach keine

Vorwürfe oder Gedanken zu machen, mit wem der andere Kontakt hatte und ob er sich an die Corona-Maßgaben hält.

Schwierig finde ich auch die Situation, wenn man Corona-Kritiker im Umfeld hat. Eine Mutter schrieb vor einigen Tagen in den Klassenchat, dass es neue Erkenntnisse zu Kindern und Masken gibt und dass Kinder dadurch zu Schaden kommen können. Belegt wurde das durch ein YouTube Video. Ich musste nach drei Sekunden ausmachen. Ich frage mich wo lebt so eine Person? Das kann doch nicht ihr Ernst sein. Es ist erwiesen, dass Masken den Schutz erhöhen. Da kann ich doch so ein kritisches Video nicht teilen. Dass man zum Beispiel eine Petition fördert und unterstützt, mit der erreicht werden soll, dass Kinder in der Grundschule keine Maske tragen, ist etwas ganz anderes und Legitimes. Denn das ist sehr anstrengend im Raum über mehrere Stunden Maske zu tragen. Und die Kinder sollen auch kein beklemmendes Gefühl bekommen. Aber in einen Klassenchat so ein Video zu stellen, fand ich mehr als fragwürdig. Alle haben sich einen Kommentar gespart, um es nicht noch peinlicher zu machen. Wenn man ein Corona-Kritiker ist, dann sollte man es vielleicht nicht unbedingt in einer solchen Chat-Gruppe offenbaren. Damit macht man sich jedenfalls keine Freunde und auch für das Kind ist das nicht förderlich, da sicher einige Eltern ihrem Kind mit auf den Weg geben, dass man von der Familie und damit auch von dem Kind die Finger lassen sollte. Wenn man dem eigenen Kind so etwas sagt, sollte man sicher sein, dass das Kind das nicht erzählt, denn so einen Fall hatten wir ja neulich schon, wo Eltern Kinder verboten hatten mit bestimmten Kindern zu spielen, weil die vielleicht Corona haben. Da war die Lehrerin zu Recht richtig sauer und wusste zudem genau, welche Eltern das zu ihrem Kind zu Hause gesagt hatten.

Im November haben wir unseren Sohn nicht mehr in die Nachmittagsbetreuung gegeben. War das ein Fehler? Im Nachhinein würde ich sagen ja. Denn jeden Mittag während man arbeitet Mittagessen auf dem Tisch zu haben und danach weiter zu arbeiten. Das fühlte sich nicht gut an. Warum tut man sich das? Wir wollten das Risiko einer Ansteckung minimieren. Wenn aber dann dennoch eine Aufteilung der Klassen stattfindet, wenn ein Lehrer krank ist, dann ist das witzlos. Da hätte ich mir einigen Stress ersparen können. Vor allem auch mit dem Kochen. Wem geht das nicht auf die Nerven? Mal ehrlich. Selbst Freundinnen, die für ihr Leben gerne kochen, sind mittlerweile total genervt vom Kochen. Durch das Homeoffice musste man deutlich mehr kochen als sonst. Und dann gehen einem die Ideen aus und Kochen ist nur noch eine lästige Pflicht, weil man etwas essen muss. Selbst Dinge, die einem Spaß gebracht haben und wo man eine gewisse Leichtigkeit hatte, werden durch Corona zum Nerv-Faktor. Das muss echt aufhören.

Jeder hat seine Standardgerichte. Und die kann ich ehrlich gesagt nicht mehr sehen. Fischstäbchen, Lasagne, Pommes, Nudeln mit Pesto oder Bolognese, Pizza, Schnitzel, Lachs, Hähnchenschenkel und Pfannkuchen standen bei uns auf dem Plan. Es ging mir so auf den Keks mittlerweile. Meine Kreativität in der Küche hatte ich komplett abgelegt. Es machte einfach keinen Spaß mehr ständig in der Küche zu stehen. Ich bräuchte einen Koch, der uns täglich ein Essen zubereitet. Das wäre ein Traum und würde enorm Stress vermindern. Aber realistisch ist das nicht. Immerhin hatten wir ab und zu eine Kiste aus einem Restaurant bestellt, die für mehrere Tage Variation in den Essens-Alltag gebracht hat. Nicht zu vergessen unsere wöchentliche Sushi Lieferung, die ein absolutes kulinarisches Highlight war.

Dezember 2020

Heute ist der erste Dezember. Am Sonntag war der erste Advent. Unfassbar, wie schnell das Jahr vergangen ist, obwohl vieles anstrengend und nervig war. Noch drei Wochen, dann sind Ferien und dann ist Weihnachten. Nur Weihnachtsstimmung kommt irgendwie gar nicht auf. Wie auch? Alles Schöne fällt weg. Weihnachtsmärchen, Weihnachtsmarkt, Adventskaffee mit Freunden. Gestern waren wir immerhin bei den Nachbarn den ersten Glühwein im Garten trinken. Das war ein Highlight! In der Stadt müssen die Glühweinstände wieder abbauen, weil sich die Leute einfach nicht an die Abstandsregeln halten. Sie stehen in großen Gruppen ohne Maske zusammen. Wie früher eben. Aber sie scheinen nicht begreifen zu wollen oder können, dass es nicht wie früher ist. Wenn wir nicht langsam alle aufwachen, wird es bald wieder zu mehr Einschränkungen kommen. Ich kann das nicht verstehen, warum man sich nicht zurückhalten kann. Klar, nicht jeder hat ein Haus und einen Garten und kann sich mal eben über den Zaun mit den Nachbarn unterhalten. Aber nach dem letzten dreiviertel Jahr gibt es anscheinend immer noch genug Menschen, die den Ernst der Lage nicht erkennen und die im Endeffekt dafür verantwortlich sind, wenn sich alle wegen ihnen noch mehr einschränken müssen. In mehreren Bundesländern wird wieder ein harter Lockdown gefordert. Auch die Bundesregierung erwägt zum ersten Mal wieder den Einzelhandel zu schließen und die Weihnachtsferien zu verlängern und die geplanten Lockerungen für Weihnachten und Silvester wieder aufzuheben.

Unsere Einladung zum ersten Weihnachtstag wurde auch schon abgesagt. Mit vier Familien können wir uns nicht treffen. Unsere Geschwister haben wir zum Teil dies Jahr nur einmal gesehen, teilweise auch gar nicht. Das ist schon heftig.

Man kann nur hoffen, dass die Leute es über Weihnachten mit den Treffen nicht übertreiben und sich über die Anordnungen hinwegsetzen. Denn eine Kontrolle kann nicht stattfinden und es wird einige geben, die alles wie jedes Jahr durchziehen. Als gebe es Corona nicht. Es wäre wirklich toll, wenn das nächste Jahr halbwegs normal losgehen könnte und dass auch so bleibt. Silvester werden mit den Raketen die bösen Viren hochgeschossen und verjagt. Auf dass sie nicht mehr wiederkommen. Schön wär´s, aber die Hoffnung stirbt bekanntlich zuletzt.

Ab morgen kommt der zweite komplette Lockdown. Auch die Schulen sind wieder dicht. Ich hoffe, dass wir aus dem ersten Lockdown einiges gelernt haben. Ich lasse mich überraschen.

Schlusswort

Was soll ich sagen? Ich bin sehr froh darüber, dass das Jahr 2020 nun der Vergangenheit angehört, denn es war bisher wirklich kein schönes Jahr. Viele Menschen sind gestorben oder erkrankt, das Leben war wochenlang sehr eingeschränkt, die Schulen geschlossen und der Alltag auf das nötigste begrenzt. Die Urlaube konnten nicht so wie geplant angetreten werden und viele Branchen spüren das ganz gewaltig.

Auf der anderen Seite habe ich gespürt, was wirklich wichtig ist, nämlich Familie und Gesundheit. Auch wenn die Zeit mit der Kernfamilie auch nicht nur schön war. Aber auf den Rest kann man zur Not auch vorübergehend verzichten. Es ist schön eine Familie um sich zu haben, auf die man sich verlassen kann und die immer für einen da ist.

Mit dem Buch möchte ich zeigen, dass man nicht allein ist mit seinen Ängsten und Sorgen. Denn bei allen gibt es Probleme. Jeder sollte vor seiner Haustür kehren und nicht anderen auf die Nerven gehen. Und auch in Corona Zeiten gab es die „ach so perfekten Familien", wo alles gut von der Hand ging. Von solchen sollte man sich fernhalten, denn mit der Realität, aber vor allem mit Ehrlichkeit, hat das nichts zu tun. Aber einige verwechseln, dass Schwäche zeigen und Probleme aufzeigen und darüber zu reden zu einer guten Freundschaft und zum Leben dazugehören. Hier sollte man sich unterstützen und zusammenhalten. Denn nur gemeinsam kann man eine Pandemie ausrotten und sie ohne Schaden überstehen.

Eine solche Pandemie zeigt auch, dass es wirklich wichtigeres als Arbeiten gibt, nämlich Gesundheit.

Auf ein neues, besseres Jahr 2021! Bleibt gesund!!!

Eure Emma

Zeitfracht Medien GmbH
Ferdinand-Jühlke-Straße 7
99095 Erfurt, Deutschland
produktsicherheit@kolibri360.de